다큐멘터리 차이나

Documentary China

나남
nanam

나남신서 · 1736

다큐멘터리 차이나
Documentary China

2014년 5월 1일 발행
2014년 5월 1일 1쇄

지은이 · 고희영
발행자 · 趙相浩
발행처 · (주)나남
주소 · 413 - 756 경기도 파주시 회동길 193
전화 · 031) 955 - 4601 (代)
FAX · 031) 955 - 4555
등록 · 제1 - 71호(1979.5.12)
홈페이지 · www.nanam.net
전자우편 · post@nanam.net

ISBN 978 - 89 - 300 - 8736 - 0
ISBN 978 - 89 - 300 - 8655 - 4(세트)

책값은 뒤표지에 있습니다.

다큐멘터리 차이나

Documentary China

고희영 지음

나남
nanam

중국을 모른다면,
당신이 보는 모든 것은 풍경화에 지나지 않는다.

중국을 알게 되었을 때,
당신이 보는 풍경은 비로소 의미가 된다.

Documentary
China

다큐멘터리 차이나

차 례

愛
Ài

婚
Hūn

다큐멘터리 #1

\# 형제 17
NOTE 형제와 선부론 30

\# 벌거벗은 결혼 36
\# 신중국과 혼인법 43
\# 부부 충성서약 52
NOTE 바람난 중국 57

食 Shí

人 Rén

住 Zhù

NOTE 마오의 숟가락과
뒷마당 용광로 63
원바오(温飽) 66
중국음식엔 계급이 있다 72
NOTE 그들만의 축제 84

신세대 농민공들의 반란 87
NOTE 우리는 일회용 밴드가
아니다 95
현대판 신분제도 100
NOTE 내 친구의 호구 108

폭발 베이징 114
베이징 부동산 117
NOTE 부동산과 이혼의
상관관계 121
도시의 녹슨 못 — 딩즈후 124
딩즈후와 물권법 133
NOTE 내 기억 속의 신기루 135

Documentary
China

다큐멘터리 차이나

차 례

貧 Pín   富 Fù

다큐멘터리 #2

교실 밖 아이들 146
  **NOTE 〈희망공정〉,
  그 후 20년 153**
중국의 교육제도 156

벼락부자가 될
  일곱 번의 기회 166
식신폭발호를 향하여 187
식신을 꿈꾸는 아이들 200
  NOTE 꿈꾸는 소년들 208
망한 식신, 허싱민 211

職_{Zhí} 紅_{Hóng} 夢_{Mèng}

職 Zhí

紅 Hóng

夢 Mèng

\# 중국 7개의 칼라 218
\# 무채용을 아십니까? 238

\# 문화대혁명을 보는
   여러 개의 시선 246
\# 문혁을 파는 가게 255
   NOTE 붉은 물결, 붉은 바람 264

\# 통칭궈의 베이징 상경기 272
   NOTE 꿈꾸고 있나요 그대는? 298

후기 〈책의 군말〉 300

1

다큐멘터리

Documentary

Ài

허난성의 가난한 농촌 청년이 첫날밤을 치를 신혼방. 낡은 침대 머리맡에 결혼증서가 놓여 있다.

첫날밤

사랑에도 자격이 있다면
나는 그대를 안을 수 없다.
당신 뉘일 한 칸 방(房)도
날랜 세상 쫓을 차(車)도
그대 손 달콤하게 옥죌 반지(環)도
없다.

사랑에도 가격을 매긴다면
그대를 향한 나의 사랑은 똥이다.
9위안의 수수료를 내고
중화인민공화국으로부터
허락받은 당신.

남루한 신방 모서리
오래 돌아누운 그대
그 젖은 베갯모에
나 빈손 걸고 맹세할 수 있으리

TIP

중국의 혼인신고 절차는 2003년부터
간소화됐다. 현재는 남녀의 호구(戶口)가
있는 소재지에서 9위안(1,600원 정도)의
수수료를 내면 〈혼인증〉을 발급받을 수 있다.

방(房)이 없음으로 나는

그대를 너른 세상에 바람처럼 풀어놓고

차(車)가 없음으로 나는

그대 사랑을 추월해 달아나지도

반지(環)가 없음에

그대를 내 안에 가두지 않으리라는 것을.

형 제

형제(兄弟)가 있었다.

중국에서 가장 가난한 허난성(河南省)의 농촌마을 니우쟈춘(牛家村)이 고향이다. 마을 사람들 중에서 기차를 직접 눈으로 본 사람이 손에 꼽을 정도로 벽촌이다. 아버지는 일찍 세상을 떠났고, 형제는 홀어머니와 함께 농사를 지으며 근근이 살았다. 사는 것이 아니라, 살아지는 삶이었다.

어느 날, 밭에서 일하던 동생 화민(化民)이 형 홍옌(紅燕)을 불렀다. 자신이 학업을 포기하고 돈을 벌어 형의 뒷바라지를 할 테니 형은 대학에 진학하라는 것이었다. 그것만이 우리 가족이 가난의 대물림에서 벗어날 수 있는 유일한 방법이라고 덧붙였다.

당시, 동생 화민의 나이 겨우 16살, 형 홍옌은 고등학교 졸업을 앞두고 있었다. 형은 코웃음을 쳤다. 우리 형편에 무슨 대학이냐고, 고등학교 졸업하면 형이 취직을 할 것이고 그러면 형편이 좀 나아질 것이라 동생을 다독였다. 하지만, 동생의 눈빛엔 비장함까지 감돌고 있었다.

"먼저 한 사람만 성공하면 돼! 형이 출세하면 우리 가족 모두가 좋아질 수 있어!"

말수가 적은 동생은 이 말을 하기 위해서 얼마나 오래 고민

학교에서 군사훈련을 받던 때의 모습. 왼쪽이
형 홍옌, 중앙이 동생 화민이다.

나이보다 훨씬 어른스러운
형 홍옌. 동생 결혼식을 위해서 그는
몇 년 동안 모은 돈을 고스란히 내놓았다.

신랑 집 입구에서 친척이 축의금을 받고 있다.
붉은 종이에 일일이 이름과 액수를 적어
놓는다. 보통 50~100위안(9천~1만 8천
원)을 하는 경우가 가장 많았다.

형 훙옌이 모은 10만 위안(1,750만 원)을
들여 새로 지은 2층집. 결혼식을 하루 앞둔 날,
동생 화민의 결혼을 알리는 축문이 붙여졌다.

신부의 혼수품이 실린 경운기. 화장대, 서랍장,
자전거와 열 채의 이불.

결혼식 날, 비가 와서 온 마을이 흙탕물이었다.
신랑은 장화를 신고 신부를
마중 왔다.

형제의 집은 마을에서 첫 번째 대학생이 나온
집으로 유명했다. 마을사람들의 부러움을
살 만큼 동생의 결혼식은 성대하게 치러졌다.

이웃동네에 사는 신부가 혼례를 치르기
위해 집을 떠나고 있다. 악귀를 쫓기 위해서
가는 길마다 폭죽을 터뜨린다. 결혼식이
끝나자 마을 전체가 붉은 조각으로 덮였다.

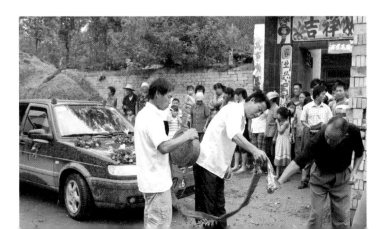

했던 것일까. 생각이 여기에 닿자 형 홍옌의 가슴엔 묵직한 삶의 무게가 통증처럼 내려앉았다.

동생은 고집을 꺾지 않고, 중학교를 졸업한 뒤 대도시로 나갔다. 식당 종업원, 공장 근로자, 나이트클럽 호객꾼 등 닥치는 대로 일을 했다. 한 달에 겨우 600~700위안(10만~12만 원)을 벌었지만, 고스란히 형에게 보냈다. 형은 그 돈으로 무사히 허난성 최고의 대학인 허난대학의 졸업장을 받을 수 있었다. 고향마을의 첫 번째 대학 졸업생이었다.

대학을 졸업한 형 '홍옌'은 청운의 꿈을 품고 수도 베이징으로 갔다. 집안을 일으켜야 한다는 무거운 짐이 그의 어깨를 짓누르고 있었다. 하지만, 직장을 구하는 일은 힘들었다. 동생이 마련해 준 노잣돈이 며칠 안 되어 금방 바닥이 났다. 우선 무슨 일이든 해야 했다. 그는 길거리에 붙여진 공고를 보고 나이트클럽 경비로 취직했다. 그가 원하는 일은 아니었지만 돌아가는 길이라 생각했다. 당장 먹고 자는 것을 해결하는 것이 급선무였으니까.

그는 일을 하는 동안에도 손에서 책을 놓지 않았다. 큰 일을 하기 위해 지금은 잠시 숨고르기를 하는 것이라고 자신에게 최면을 걸었다. 그런 그의 모습이 지배인의 눈에 띄었다. 그가 대졸이라는 것을 안 지배인은 부업으로 자신의 아들의 과외를 해볼 생각이 있느냐고 물었다. 마다할 이유가 없었다.

몇 달 뒤, 부업은 주업으로 바뀌었다. 지배인 아들의 성적이 크게 오르자, 학부모들 사이에 입소문이 나기 시작했다. 급속히 학생 수가 늘어났고, 수입도 많아졌다. 가장 기뻐한 것은 동생 화민이었다. 전화 수화기를 붙잡고 동생은 하염없이 울고

위 / 신랑 집에서 신부 집으로 보내는 예단 바구니에는 돼지고기와 족발, 생선, 당면이 담겨 있다.

아래 / 신부 집에서 신랑 집으로 보내는 예단 바구니. 손만두와 라면, 폭죽, 컵과 젓가락 등이 더 들어 있다.

집 마당에 가마니 하나 깔고 결혼식이
거행됐다. 조용하던 농촌마을이 모처럼
시끌벅적해졌다.

광저우의 한 공장에서 노동자로 일하다 만난
두 사람. 인연은 만 리 떨어져 있어도 만난다는
말을 다시 한 번 실감하는 순간이다.

중국 농촌의 잔칫상. 맵고, 짜고, 달고,
신, 네 가지 음식을 반드시 준비한다고 한다.
인생의 맛이 그러하듯이…

신부의 친구들은 이층집에다,
베이징에 잘나가는 시아주버님을 둔
신부 콩나(孔娜)를 부러워했다.

또 울었다.

형 훙옌은 은행으로 달려갔다. 태어나서 처음으로 두 개의 통장을 만들었다. 하나는 낡은 고향집을 수리하기 위해, 또 하나는 동생의 결혼식을 위한 통장이었다.

사실 형 훙옌에게는 오래된 여자친구가 있다. 고향집 이웃에 살던 여동생이었는데 가끔 베이징에 올라와 빨래며 반찬을 해주곤 했다. 그녀는 어머니가 점 찍어둔 여자였다. 베이징 여자들에 비해 촌스런 시골아낙이었지만, 베이징 생활의 외로움이 짙어질 무렵이었다. 가난한 중국 연인들이 그렇듯, 둘은 결혼식은 생략하고, 동거에 들어갔다.

동생 화민에게도 여자친구가 있었다. 광저우(廣州)의 한 공장에서 고향마을 여자를 만나 급속히 가까워졌다고 했다.

어느 날, 동생 화민에게서 전화가 왔다. 여자친구가 아이를 가졌다고 했다. 이제 형이 자리를 잡았으니 자신은 고향으로 돌아가 결혼식을 올리고, 어머니와 함께 농사를 지으며 살겠다고 했다. 지난 10년 동안 오직 형을 위해 희생해온 동생이었다. 동생의 귀향 결심은 그간 동생이 겪었을 도시의 삶이 얼마나 고단했을지 짐작하게 했다.

왼쪽 / 내가 이 마을을 방문한 첫 외국인이라고 했다. 어머니를 비롯한 마을사람들은 처음에는 서먹해하더니 떠나오던 날엔 눈물까지 글썽이며 아쉬워하셨다. 순수하고 정이 많은 사람들.

오른쪽 / 형제의 배웅을 받으며 나는 그곳을 떠나왔다. 베이징으로 돌아오는 길은 꼬박 하루가 걸렸다. 형제의 모습이 두 개의 점으로 보일 때까지도 그들은 그 자리에 그대로 서 있었다.

형 홍옌은 이제 자신이 동생을 위해 무언가를 해야 할 때라고 생각했다. 결혼날짜가 잡히자, 형은 고향에 내려와 집 공사에 들어갔다. 무리해서 2층을 올렸다. 1층의 가장 좋은 방을 신방(新房)으로 꾸미기로 했다. 그런데 문제가 생겼다. 예상했던 것보다 집을 짓는 데 많은 돈이 들어갔다. 겨우 공사를 마쳤지만 인테리어 비용과 가구를 들여놓을 돈이 부족했다.

형은 시내로 나가 중고 침대를 샀다. 시골까지 끌고 오는 데 반나절이 걸렸다. 중고 침대였지만, 침대를 방 중앙에 배치하자 방안이 가득 찼다. 허전한 시멘트 천장과 벽을 꽃술로 장식하니 제법 신방 분위기가 나는 것 같았다. 침대라는 물건을 처음 보는 어머니는 오며 가며 침대를 어루만지고 쓸어댔다.

동생의 결혼식은 마을사람들의 부러움 속에서 치러졌다. 아들을 바라보는 어머니의 눈에는 눈물이 고였다. 아버지의 빈자리에 서있는 형 홍옌도 감회에 젖었다. 그런데 문득, 그의 젖은 눈에 자신의 아내의 모습이 들어왔다. 이 결혼식 준비를 위해 묵묵히 궂은일을 도맡아 해온 아내는 하객들 속에서 초라한 모습으로 서 있었다. 그때 그는 알았다. 정작 자신의 아내에겐 결혼식도, 신방도, 그 흔한 반지 하나 해준 적이 없다는 것을.

오직 집안을 일으키기 위해, 어머니와 동생의 은혜에 보답하기 위해 자신을 아프게 채찍질하고, 웃자라는 욕망을 자르며 살아오면서, 그는 아내의 꿈까지 잘라냈다는 것을 아프게 깨달았다.

그날, 동생 화민은 형과 형수가 정성껏 꾸며놓은 신방에서 초야(初夜)를 보냈다. 이듬해 2008년, 이 방에서 첫딸이 태어났다. 2012년 1월 아들도 얻었다.

화민의 딸(3세 무렵). 어느새 이렇게 자랐다. 화민(30세)은 이제 1남 1녀의 아버지가 됐다. 하지만, 형 홍옌(33세)은 아직 아이가 없다. 도시에서 아이를 키우는 데 돈이 너무 많이 들기 때문에 엄두를 낼 수 없다고 그는 쓸쓸하게 말했다.

동생 화민은 고향에 정착한 뒤 농부가 되었다.
대도시의 공장을 전전하던 그는 고향이
얼마나 소중한 곳인지 잘 알고 있다. 하지만
두 아이의 아버지가 되고 다시 고향을 떠났다.

형제와 선부론

형 홍옌(33세)은 나의 오랜 친구이다.

나는 그가 가난한 농촌 출신이라는 것을 처음엔 잘 몰랐다. 늘 깔끔한 차림 새에 매너 있는 태도가 세련된 도시 사람 같았기 때문이다. 그와 친해지고, 그의 고향에서 치러진 동생의 결혼식에 참석하게 되면서 나는 그의 고향만 큼이나 멀고 험한 형제의 인생역정 속으로 들어갈 수 있었다.

결혼식 전날, 새벽까지 형제와 살아온 이야기를 나누었다. 어머니는 곁 에 앉아 결혼식 날 손님들에게 달아 줄 붉은 리본을 조용히 만들고 계셨다. 태어나서 한 번도 고향마을 밖을 나가보지 못한 어머니, 기차도 한 번 본 적이 없는 어머니, 외국인이라고는 나를 처음 만났다는 어머니. 그 어머니 가 두 아들을 바라보는 눈빛은 깊고 애잔했다.

새벽녘, 형제가 정성껏 손봐준 이층 방에 누웠다. 베이징에서 여기까지 는 기차를 타고, 다시 장거리 버스와, 단거리 버스, 삼륜차를 번갈아 갈아 타고 오느라 꼬박 이틀이 소요된 고단한 여정이었다. 몸은 천근만근이었지 만, 잠은 쉽게 오지 않았다.

그때 문득 떠오르는 얼굴이 있었다. 덩샤오핑!

화민의 결혼식이 끝나고
니우쟈춘을 떠나오던
삼륜차 안에서…

형제의 이야기와 덩샤오핑의 이야기는 닮아 있었다. 1992년 중국 남부 지방을 순회하던(南巡講話) 덩샤오핑은 개혁개방의 1번지인 선전(深圳)에서 이런 말을 했다.

"먼저 몇 사람이 부자가 되라.
그리고 아직 가난한 사람들을 잊지 말아라."
(让一部分人先富起来，希望这批人别忘了我们这批还没有富的)

그것이 〈선부론〉(先富论)이다.
이 말은 당시 좌파 이데올로기를 폐기하고, 시장경제로의 첫발을 디디게 했던 중국 경제정책의 핵심논리였다.
형제의 인생역정을 되새기다 보니, 이들이 덩샤오핑이 주장했던 〈선부론〉의 확실한 모델처럼 느껴졌다. 능력 있는 형은 먼저 성공해서 돈을 벌었고, 자신을 위해 희생한 동생을 위해 집을 짓고, 결혼식을 올려 주고, 농사지을 땅을 마련했다. 그날 동생의 결심은 〈선부론〉을 의식한 것이었을까. 묻지 못했다.
하지만, 아직도 '결혼'이라는 단어가 나오거나 혹은 그 형제들과 안부를 주고받을 때면 나의 기억은 그날, 그 신방의 모습을 찾아내곤 했다. 낡은 중고 침대와 머리맡에 놓인 결혼허가증, 그리고 어머니가 몇 날 밤을 지새우며 손바느질로 만든 목화이불 두 채 ….
현재 형 홍옌은 베이징의 한 사립중학교의 수학 교사가 되었다. 고향에서 수박농사를 지으며 살던 동생 화민은 두 아이의 아버지가 되자 홀로 고향을 떠났다. 농사를 지어서는 두 아이를 키울 수가 없는 것이 현실이었다. 형이 마련해 준 사업자금을 마지막 도움이라고 생각하며 그는 현재 장쑤성(江蘇省)에서 의류 도매업을 시작했다.
형제는 이제 가난에서 벗어났다. 덩샤오핑이 〈선부론〉을 통해 궁극적으로 꿈꿨던 것도 '공동부유'(共同富裕)였다.

婚

Hūn

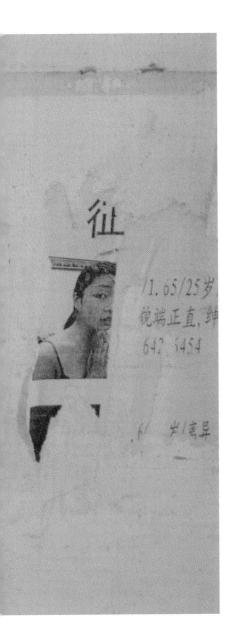

나혼시대(裸婚時代)

나는

돈도 없고,

집도 없고,

차도 없고,

보석반지도 없지만,

당신과 함께 늙어갈 마음의 각오가 돼 있어요.

당신이 늙으면 내가 당신을 업어주고

당신의 지팡이가 돼 줄게요.

만약 당신의 이가 빠지면

내가 음식을 씹어서 먹여 줄 거예요.

난 반드시 당신이 죽은 다음에 죽어서,

당신을 이 세상에 홀로 남겨두지 않을 거예요.

당신을 돌봐주는 사람이 없으면,

내가 죽어서도 안심할 수 없을 테니까 …

-2011년 중국 인기드라마 〈나혼시대〉 대사 중에서

벌거벗은 결혼

지하철 막말녀

"남자는 돈이 없으면 쓰레기야! 돈이 없으면 미래에 아무것도 할 수 없거든. 돈 없는 남자와 결혼하는 것은 치욕이야. 그런데 나보고 결혼하자고? 됐다고 봐!"

2011년 11월말, 베이징의 지하철에서 한 20대 여성이 옆에 앉은 청년을 향해 소리쳤다.

청년은 죄인처럼 고개를 숙인 채 그녀의 이야기만 듣고 있었다. 뭐라 대답 좀 해보라며 속사포처럼 쏘아대는 그녀의 거듭된 채근에도 남자는 대답을 하지 않았다. 가난한 청년이 여자친구에게 청혼을 했다가 봉변을 당하는 상황이었다. 청년을 향해 그녀가 퍼붓는 발언수위가 점점 높아져가자 한 승객이 이를 휴대폰으로 찍어 인터넷에 올렸다. 1분 24초의 짧은 동영상은 올리자마자 네티즌들의 폭발적 관심을 끌었다.

중국의 돈 못 버는 남성들이 불같이 일어났다. 그들은 그녀를 처단하기 위해 사이버수사대를 방불케 하는 추적을 벌였다. 3일 만에 그녀의 신상이 털렸다. 마침내 그녀가 공개 사과하는 글을 올리면서 가까스로 사태는 마무리됐지만, 연일 남녀 대립구도로 나뉜 격렬한 토론이 이어졌다. 이 토론과정에서 수많은 여성들이 '돈 없는 남자 = 불필요한 존재'라는 등식에 동조한다는 사실이 드러났다.

중국여성들의 연애와 결혼관은 통계수치에도 그대로 드러난다. 2011년, 중국의 민정부 산하단체가 전국의 남녀 5만 명을 대상으로 조사한 결과, 중국여성들의 80%가 월소득 4천 위안(약 70만 원) 미만의 남성과는 절대로 연애할 수 없다고 대답했다[같은 해, 베이징 도시근로자 평균임금 4,672위안, 대졸초임 2,694위안, 최저임금 1,160위안(20만 3천 원)이었다].

유명 결혼중개 사이트 바이허왕(百合网)에서 25~45세의 미혼 남녀 3만여 명을 대상으로 〈결혼의 조건〉에 대해 설문조사를 한 결과, 여성 응답자의 70.8%가 "배우자가 집이 없으면 결혼하지 않겠다"고 대답했다.

사랑의 조건

이제 중국도 '돈은 필수품, 사랑은 사치품'의 시대가 된 것일까.

최근 중국에서는 '나혼'(裸婚)이라는 신조어가 생겨났다. 직역하면 '벌거벗은 결혼'이다. 결혼적령기의 중국여성들 사이에서 결혼의 필수조건처럼 여겨지는 신혼집, 차, 결혼식과 예물, 신혼여행을 생략하고, 서류상 혼인신고만 하고 부부가 되는 것을 말한다.

2011년에 방영된 드라마 〈나혼시대〉는 현재 중국이 처한 현실을 잘 그려내 공감을 이끌어냈다. 8년 연애 끝에 부모의 반대를 무릅쓰고 빈손으로 결혼한 신혼부부, 용감하게 사랑만 믿

TIP

베이징 도시근로자 평균임금은 국가통계국 발표자료이다. 대졸초임은 중국 구직 전문사이트 자오핀닷컴이 중국 내 5,866개 기업을 상대로 조사한 결과이다.

2011년 중국의 젊은이들을 열광케 했던 드라마 〈나혼시대〉

고 결혼하지만, 현실의 벽 앞에서 철저히 무너지고 좌절하는 이야기이다. 드라마의 끝은 부부의 재결합이라는 해피엔딩이 었지만, 현실은 그렇지 않다.

그렇다면, 다시 리얼 중국 이야기를 해보자. 나혼이 유행하는 그 이면에는 현재 중국이 처한 현실과 젊은이들의 깊은 고민이 담겨 있다.

중국 젊은이들은 연애를 일찍 시작한다.

농촌의 경우 대부분 중학교를 졸업하고 사회에 뛰어든다. 청춘기의 남녀들에게 사회는 거대한 사교장, 평균 17.8세에 연애를 시작한다. 특히, 중국의 개방적 성(性)문화와 실용주의적 경제관념은 중국 젊은이들 사이에서 '동거'가 만연하는 풍조를 만들었다. 이들에게 동거는 결혼의 인턴과정이다. 특별히 모아 놓은 돈이 없는 가난한 연인들은 9위안(약 1,600원)의 혼인신고 수수료만 내면 중화인민공화국 도장이 찍힌 결혼허가증을 받을 수 있다.

중국 젊은이들에게 집은 그림의 떡이다. 중국의 결혼관습에서도 신랑이 신혼집을 마련해야 하는 것이 보편적이다. 하지만, 최근 미국 언론매체인 CSM(크리스천 사이언스모니터)의 조사에 따르면 베이징에서 집 한 채를 사려면 중국 중산층 샐러리맨의 32년치 연봉이 필요한 것으로 알려졌다.

얼마 전 중국의 한 네티즌은 중국의 집값이 얼마나 비현실적인가를 '자신만의 계산법'을 통해 공개했다. 그는 베이징 중심가에 있는 아파트(100평방미터 / 시가 300만 위안) 한 채를 사기 위해 얼마 동안 일해야 하는지 직업별 평균수입을 기준으로 산

중국 젊은이들 사이에서 신혼집, 차, 예물이 결혼의 필수조건이 되면서 부모들의 부담은 더욱 커져가고 있다.

출했다. 그 결과, '소작농'이 베이징에서 집을 사려면 자연재해가 없는 상태에서 당나라 때인 서기 907년부터 현재까지 무려 1,100년 이상 줄곧 일을 해야 한다며 분통을 터뜨렸다.

그렇다면, 중국남성들은 결혼하려면 돈이 얼마나 필요할까?

2012년 1월 '중국 10대 도시 결혼비용'을 발표한 신화망(新华网)의 보도에 따르면 중국 대도시의 결혼비용은 200만 위안(3억 5천만 원)에 달한다고 한다. 결혼비용 가운데도 결혼식을 올리는 데 쓰는 비용은 해마다 증가하고 있는데, 특히 상하이의 경우 2102년 결혼식 비용이 19만 위안에 달해서 4년 전부터 해마다 두 배씩 늘어나는 추세이다. 1가구 1자녀 정책으로 태어난 신세대들이 '자신의 결혼식은 특별하게 치르고 싶다'는 허영심과 전통적으로 체면을 중시하는 중국인들의 허례허식 문화가 맞물려 이 같은 결혼식의 과대포장을 낳은 것이다.

이 통계에 따르면, 만약 재산 30만 위안을 보유한 연봉 6만 위안 남자의 경우 29년 6개월 동안 아무것도 먹지 않고 사지 않고 돈을 모아야만 여자를 데려올 수 있다는 결론이 나온다.

중국남성들의 고민이 날로 깊어지는 반면, 여성들은 더 현실적이 되고 있다. 특히, 젊은 여성 가운데 많게는 3분의 2 정도가 "나혼을 할 바에는 아예 결혼하지 않겠다"고 응답했다.

누군가의 말처럼 '사랑은 방부제를 넣지 않은 빵'과 같은 것인지도 모른다. 영화에서처럼 '어떻게 사랑이 변하니?'하고 애정이 식어버린 연인에게 묻는 일도 무의미하다. 요즘 중국에서 사랑은 물질 앞에서 쉽게 변색하고 흥정할 수 있는 상품이다.

'남자가 돈만 많다면 키, 얼굴, 성격, 바람기 등 모든 것이 용서된다'는 중국 친구가 있다. 그녀, 중국의 유명한 로펌에 다니는

잘나가는 변호사이다. 그럼에도 그녀는 남성의 경제조건을 유난
히 따지고 들었다. 그런 그녀에게 어느 날 넌지시 말을 건넸다.

"평생 함께 살 사람인데 그래도 돈보다 사람이 더 중요하지
않겠어?"

그녀가 쿨하게 대답했다.

"사랑은 영원하지 않아, 하지만 돈은 영원하지. 그렇담 넌 무
엇을 택할래?"

| 표 1 | 중국 10대 도시 결혼비용

	베이징	상하이	선전
총액	202만 8천 위안	200만 8,200위안	208만 2천 위안
주택(80㎡)	160만 위안 (㎡당 2만 위안)	160만 8천 위안 (㎡당 2만 100위안)	178만 4천 위안 (㎡당 2만 2,300위안)
인테리어	8만 위안	15만 위안	10만 위안
가구, 가전 (신부 측 전액 또는 공동부담)	8만 위안	10만 위안	5만 위안
승용차	12만 위안 (아반떼급; 신부측의 요구에 따라 변수 있음)	10만 위안 (일반형; 특별히 요구하지 않으면 1,500위안의 전동차로 대체 가능)	10만 위안(일반형)
결혼식비	4만 위안 (테이블당 2천 위안, 20개) 축의금 = 테이블당 2천 위안 결혼식 비용 = 0	2만 5000 천 위안 (테이블당 1천 위안, 25개) 축의금 = 테이블당 1,200위안 결혼식 비용 = 5천 위안	베이징과 동일
신혼여행	3만 위안 (1인당 1만 5천 위안; 몰디브)	1만 2천 위안 (1인당 6천 위안; 홍콩)	1만 2천 위안 (1인당 6천 위안; 한국)
연애비용(2년)	4만 8천 위안 (월 2천 위안)	4만 3,200위안 (월 1,800위안)	3만 6천 위안 (월 1,500위안)

출처: 신화망, 2012.1.22, 〈중국 10대 도시 결혼비용〉.

신중국과 혼인법

다산영웅(多産英雄)

중국 혼인법의 변천사는 중국 근대사의 축소판이다.

신중국 건립 이후 중국에서의 결혼은 '사(私)적인 일'이 아니었다. 국가와 직장이 직접적으로 관여하는 공적인 일이었다. 국가가 직장을 정해 줬고 결혼도 국가나 당(黨)이 맺어 주는 일이 많았다. 당 혹은 직장의 동의 없이는 결혼할 수 없었다.

결혼이 온전히 국가로부터 해방된 것은 신중국이 건립되고, 무려 50여 년이 지난 2004년에야 이루어졌다. 결혼이 '사적인 일'이라는 사법적 해석이 처음으로 내려진 것이다. 중국 근대사의 파고를 함께 넘어온 중국 혼인법의 변천사를 통해 중국의 변화를 짚어 보는 일은 흥미롭다.

중국 최초의 혼인법은 신중국이 건립된 이듬해인 1950년 5월 1일에 제정되었다. 신중국을 건립하기 위해서 과거 전통과의 단절을 강조했던 마오쩌둥은 모든 역량을 총결집해 여성에 대한 억압을 풀었다. 그 대표적인 것이 남녀평등을 골자로 하는 최초의 혼인법이었다. 공산주의 유토피아를 건설하겠다는 마오 주석의 집념을 실현하기 위해서는 노동력이 필요했다. 고민 끝에 마오쩌둥은 방법을 찾아냈다.

TIP

4위 항저우(杭州) : 178만 2천 위안
5위 광저우(廣州) : 128만 위안
6위 톈진(天津) : 108만 6천 위안
7위 난징(南京) : 102만 8천 위안
8위 쑤저우(苏州) : 94만 4천 위안
9위 창저우(常州) : 86만 위안
10위 청두(成都) : 55만 4천 위안

"사람이 많으면 힘이 커지고, 영웅은 아이를 많이 낳은 어머니이다."(人多力量大, 英雄多母亲)

출산장려 정책이었다. 인민들은 국가의 힘을 키우기 위해, 영웅이 되기 위해 너도나도 이에 동참했다. 무서운 속도로 인구가 늘어났다. 신중국 건립 당시에 5.4억이었던 인구가 1954년에 6억을 넘어섰다. 5년 동안 6천만 명이 늘어난 것이다.

1976년 문화대혁명이 끝나자, 중국의 인구문제는 더욱 심각해졌다. 그러나, 인구를 늘리는 것은 쉬워도 줄이기는 어려웠다. 결국 늘어난 인구는 국가의 힘을 키우기는커녕, 가뜩이나 부족한 식량문제를 더욱 가중시켰다. 마오쩌둥의 판단착오였다.

1980년 1월 1일, '신(新)혼인법'이 탄생했다. 최초의 혼인법이 제정된 지 30년 만의 일이었다.

신 혼인법의 핵심은 결혼연령을 남성은 23세, 여성은 21세로 낮추는 것이었다. 그 이전에는 남성은 27세, 여성은 25세 이상이었다. 이 결혼 연령제한은 빠르게 동거문화를 확산시켰다. 중국의 대부분의 농촌에서는 중학교 졸업이 최종학력인 경우가 많다. 16살에 사회로 나온 젊은 그들은 일찍 연애를 시작한다. 그러나, 국가가 정한 결혼연령까지 기다리기엔 너무 오랜 시간이 필요하다. 뜨거운 청춘 남녀들은 국가가 허락한 나이가 될 때까지 동거를 하는 수밖에 없었다.

그래서 그해 결혼한 남녀가 폭발적으로 늘어났고, 그 이듬해인 1981년에 중국 신생아 수가 최고치를 기록했던 것도 그 때문이었다. 중국이 마오쩌둥의 후계체제로 덩샤오핑 지도체제를 확립하던 때였다.

2001년 4월 28일, 20년 만에 신 혼인법이 다시 개정됐다. 특

施华洛婚纱摄影

출처: 星岛环球网

위 / 중국이 결혼을 개인적인 일로
인정한 것은 2004년 이후의 일이었다.

아래 / 신중국 건립 이후의 결혼증.
마오 주석의 책을 읽고, 그의 말을 듣고,
그의 뜻에 따라 모든 일을 처리하겠다는
문구가 적혀있다.

별한 변화는 없었다. 결혼연령을 남성 22세 이상, 여성 20세 이상으로 한 살씩 낮췄을 뿐이다.

'결혼은 사적인 일' 인정

2004년 4월 1일, 중국 법원은 사법해석을 통해 처음으로 결혼이 '사적인 일'이라는 것을 인정하기 시작했다. 이때부터 중국에서 결혼과 이혼이 쉬워졌다. 또 하나 특기할 만한 점은 '학생은 학기 중에 결혼할 수 없다'는 규정을 없앰으로써 학생들에게도 결혼의 자유가 선포됐다.

결혼이 간편해졌다. 예전에 혼인신고를 할 때 반드시 필요했던 건강진단 서류(婚检自愿)도 없어졌다. 혼인신고 절차의 간소화는 젊은이들의 환영을 받았지만, 복병이 있었다. 그때부터 중국의 기형아(선천성 심장병, 신경혈관기형, 페닐케톤뇨증 등) 출산율이 급증한 것이다.

뿐만 아니라 결혼과 동시에 이혼수속도 간소화하면서 이혼 부부 수가 2003년 133만 1천 쌍에서 2010년 267만 8천 쌍으로 두 배 가량 늘기도 했다.

2011년 8월 13일 '신 혼인법'에 대한 새로운 사법해석이 나왔다. 이 해는 산아제한 정책이 실시되던 해에 태어난 아이들이 서른 살이 되는 해였다. 그들이 결혼적령기에 접어든 해이기도 했다. 외적 환경으로는 중국의 부동산 가격이 폭등한 시기였다.

이 '신 혼인법'의 가장 큰 특징은 부동산 소유의 명확한 구분이 생겼다는 점이다. 예전에는 결혼 7~8년 이상이면 모든 재

출처: 河南日報

위 / 신중국 건립 이후의 이혼증서.
당시는 이혼도 국가와 직장의 허락이
있어야 가능했다.

아래 / 현재의 이혼증서. 중국은
하루 평균 5천 쌍이 이혼하면서
세계최고의 이혼국가로 떠올랐다.

산은 공동분할이었다. 하지만, '결혼 시 구입한 주택의 경우 이는 부부의 공동재산이 아닌 주택을 구입한 측의 개인재산으로 인정한다'고 규정했다. 만약에 남편의 부모가 집 장만 시 50% 부담했고, 나머지 50%는 부부 공동부담으로 샀을 경우, 50%에 대해서만 재산분할을 할 수 있도록 했다.

결혼할 때 대부분 신랑이 주택을 구입하는 것이 관례인 점을 감안할 때 이는 여성에게 일방적으로 불리한 조치라며 여성계의 반발이 거셌다. 실제로 여성들이 이 법 때문에 피해를 입는 경우도 생겼다. 난징의 한 여성은 외도한 남편을 상대로 이혼 소송을 제기하며 위자료로 남편 재산의 절반을 요구했지만 신 혼인법 때문에 한 푼도 받지 못했다. 중국 법이 남녀평등 차원에서 퇴보하고 있다며 중국여성들은 분노했다. 하지만, 남성들은 몰래 환호했다.

신 혼인법 개정은 중국여성들의 결혼관에도 큰 변화를 가져왔다. 미혼여성들은 결혼조건으로 주택의 공동명의를 요구하고, 기혼부부들은 주택 공동명의 등기를 서두르는가 하면, 아예 직접 주택을 구입하는 여성도 증가하고 있다. 실제 〈베이징일보〉의 보도에 따르면 베이징 부동산협회와 텅쉰(腾讯) 부동산연합의 공동조사 결과, 신 혼인법 시행 이후 넉 달 동안 주택을 구입한 24만 3천 명 중 젊은 층 남녀 비율이 55 대 45를 기록했다고 보도했다. 2001년 통계에서 여성의 비중이 35%였던 것에 비해 무려 10%나 더 늘어난 셈이다. 주택구입의 목적도 32.8%가 "결혼하기 위해서"라고 답했다.

요즘 중국 결혼적령기의 여성들 사이에 유행하는 유머가 있다. 예전에는 '유차유방 부모쌍망'(有车有房 父母双亡), 즉 자동차와 집을 가지고 있고, 부모가 모두 사망한 경우가 가장 인기 있는 남성 배우자감이었는데, 지금은 '유차유전 부모쌍망'(有车有錢 父母双亡), 즉 집 대신 돈을 가진 남자를 더 선호한다는 것이다. 집 있는 남성의 경우 등기가 남성 명의거나, 부모의 명의로 되어 있다면 이혼 시 아무런 재산 분할권이 없기 때문에 차라리 현금으로 가지고 있는 것이 훨씬 낫다는 것이다.

아들을 최고의 신랑감으로 만들어 주기 위해선, 모든 재산을 현금화한 뒤 부모는 일찍 죽어 주어야 한다는 웃지 못할 말들이 부모세대들 사이에서 쓸쓸히 구전되고 있다.

| 표 2 | 중국 혼인법의 변천사 (1950~2011)

시행연도		혼인법 제정 및 개정 내용
1950.5.1	중국 최초 혼인법 제정	• 남녀평등 실현 • 출산장려 정책
1981.1.1	신 혼인법	• 결혼연령 제한(남 27세 → 23세 / 여 25세 → 21세 이상) • 계획생육(計划生育) 정책 본격화
2001. 4.28		혼인법 개정
2001. 12.27	사법해석(一)	• 결혼연령 : 남 22세 이상 / 여 20세 이상
2004. 4.1	사법해석(二)	• 결혼은 사적인 일(结婚是私事): 결혼과 이혼이 쉬워짐. • 학생도 결혼가능(学生可以结婚): 예전에는 학기 중 불가능. • 혼전 건강진단서 자유화(婚檢自愿): 이전에는 혼인신고를 할 때 반드시 건강진단서 필요.
2011.8.13	사법해석(三)	• 부동산 소유의 명확한 구분 – 예전에는 결혼 7~8년 이상이면 모든 재산은 공동분할. – 현재: 등기 남편 이름 → 남편 소유 등기 부부공동 → 부부공동 소유 남편 부모 50% 부담 집 장만, 50% 부부공동으로 부담 → 아내는 50%에 대해서만 재산분할 • 친자확인: DNA 검사요청 시 출석하지 않으면 그 사람의 아이로 간주함

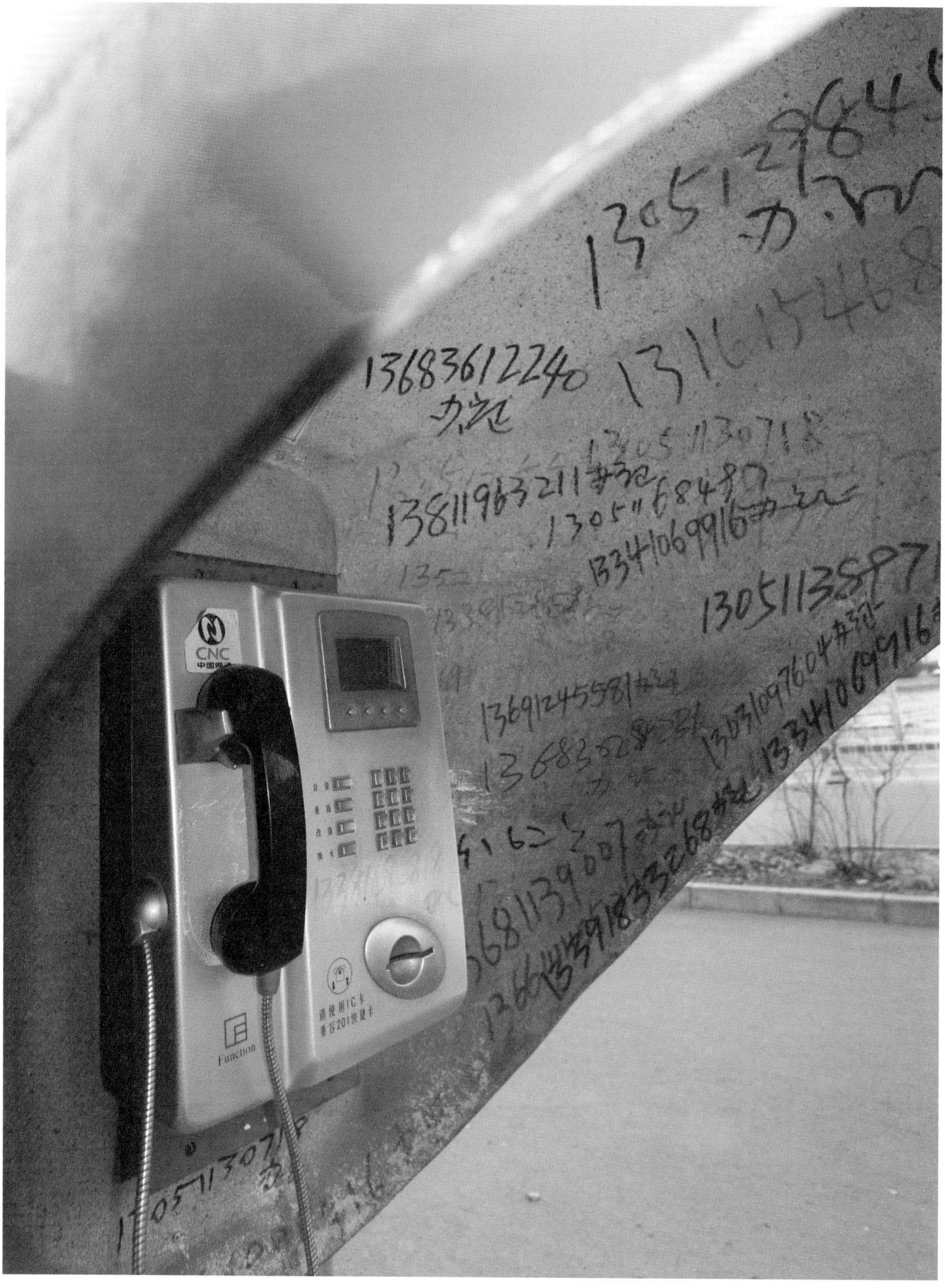
13683612240
CNC
请使用IC卡
兼容201快捷卡
Function

공중전화 앞에서

서성거려 본 적 있는가
공중전화 앞

느껴 보았나
우주보다 무거운 수화기

들은 적 있는가
발신음보다 더 큰 내 심장소리

놓아 본 적이 있었나
여보세요.
그 목소리 귓전에 닿기도 전

마음 베인 적 있는가
무심한 바람소리

바란 적 있는가
남은 삶 다 내어주고
단 하루
그와 살아 보기를.

부부 충성서약

최근 중국 부부들 사이에서 '충성서약'이 유행이다. 조국과 나라를 위해 충성하는 것이 아니라, 부부 간에 서로 성실하고 충실하자는 서약이다. 발단은 중국 산둥(山東)성 칭다오(青島)에 사는 한 부부로부터 시작됐다.

류모 씨와 여모 씨는 2005년 11월에 결혼했다. 신부 여모 씨는 신랑을 몹시 사랑했다. 하지만 변하지 않는 사랑이 그리 많은가. 거기다 '바람난 중국'이라고 할 만큼 요즘 중국남성들의 외도가 들불처럼 번지고 있는 것이 현실이다. 신부는 고민 끝에 신랑에게 충성을 서약하는 보증서를 써 줄 것을 요청하였다. 당시 신혼이었던 터라 남편 류 씨는 그저 아내의 애교 정도로 생각하고 다음과 같은 충성서약서를 함께 작성하고 서명했다.

〈충성서약서〉

만일 상대방의 혼외정사가 확인될 경우, 상대방에게 일금 30만 위안(5천 3백만 원)을 배상한다. 만일 상대방이 정당한 이유 없이 밤에 귀가하지 않은 경우, 상대방에게 매일 1천 위안(15만 5천 원)을 독수공방비(空床費)로 배상한다.

2005년 11월
신랑 류모 신부 여모 (서명)

결혼 2년이 지났다. 남편 류모 씨는 능력을 인정받아 회사의 부사장으로 승진했다. 밤늦게 귀가하는 날도 많아졌다. 급기야 외박하는 일도 생겨났다. 부부 간의 갈등이 계속되던 어느 날, 아내는 남편이 다른 여성과 외도한 사실을 알아냈다.

2008년 3월, 부인 여모 씨는 남편을 상대로 '가정의무 위반'과 '부부 충성서약 위반'으로 이혼소송을 제기하고 충성서약서에 적힌 대로 위약금 30만 위안과 독수공방비 5만 위안을 청구했다.

그러나 남편 류모 씨는 이혼에는 동의하지만 충성서약 위약금과 독수공방비는 줄 수 없다고 맞섰다. 신혼 초에 아내와 장난처럼 작성했던 충성서약을 근거로 위약금을 청구하는 것은

충성서약 열풍이 불고 있는 가운데
한 남성이 자신의 충성서약서를 보여주고
있다.

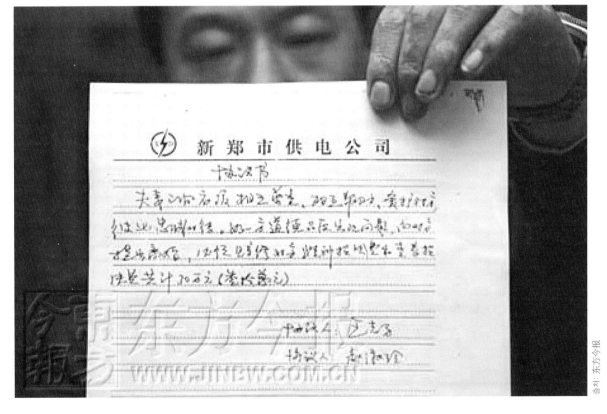

터무니없고 부당하다는 것이 그의 주장이었다.

법원의 판결을 기다리는 동안, 중국의 모든 부부들이 들고 일어섰다. 부부 간의 애정문제에 법적 잣대를 들이댈 수 없다는 반대의견과, 중화인민공화국 '혼인법' 제4조 규정에 "부부는 서로에게 충실해야 하고, 상호 존중해야 한다"는 조항이 있는데 이 '충성서약'은 이 규정을 구체화한 것이므로 당연히 법률상의 보호와 지지를 받아야 한다는 찬성의견이 맞섰다.

마침내 칭다오 시 법원에서 최종판결이 내려졌다. 부부쌍방이 서명한 충성서약은 일종의 도덕적 서약으로서 법적 효력은 없다는 결론이었다. 하지만, 톈진 〈발해조보〉(渤海早报)의 한 기자가 2003년 초 이와 유사한 소송에서 상하이 시 민항구 법원이 '남편이 부인에게 충성서약 위약금 30만 위안을 배상하라'는 판결을 했으며 이 금액은 그 후 충성서약 위약금의 기준

이혼율 세계 최고를
자랑하는 중국에는 최근
재산분할을 위한
이혼계산기까지 등장했다.

2005년 불붙은 '충성서약'은
아직도 여전히 중국사회의
화두이다.

이 됐다는 사실을 보도하면서 충성서약의 법적 효력에 대한 논쟁은 다시 불붙기 시작했다.

후폭풍은 거셌다. 젊은 부부들 사이에서 자신들의 충성서약도 인정해 달라는 요구가 전국에서 잇달아 쏟아졌다. 미처 충성서약서를 쓰지 못한 부부들은 다급하게 이를 쓰기 시작했다. 기상천외한 조항들이 추가되기도 했다. 특히, 중국남성들의 공분을 산 것은 아내들이 들고 나온 독수공방비였다. 내용인즉, 밤 12시를 기준으로 아침 6시까지, 남편이 침대에 부재중인 시간을 체크해서 시간당 100위안(17,500원)의 벌금을 매기겠다는 것이었다. 아내들의 보복이 두려워 숨죽여 있던 남편들이 더는 못 참겠다는 듯 반박하고 나섰다.

"그럼 화장실에 갈 때도 침대를 비우는 것이니 벌금을 내란 말인가."

"차라리 침대를 등에 붙이고 다녀야겠군. 이건 결혼이 아니라 감옥이다."

하지만, 아내들은 '가정의 평화를 위해서'라는 명분을 내세우며 충성서약서에 서명할 것을 강요했다. 이 충성서약 열풍은 미혼커플들에게까지 번졌다. 충성을 맹세하는 내용은 더욱 구체적이고, 더욱 기발하고, 더욱 주도면밀해지고 있다. 그럴수록 남성들을 옭아매는 굴레는 더욱 많아지고 있다.

법률 전문가들은 현재 부부간의 도덕적 합의에 관한 법률규정이 없기 때문에 위와 같은 소송은 각각의 사안에 따라 판결이 달라질 수 있다는 의견을 피력했다. 하지만, 충성서약 열풍은 쉽사리 가라앉지 않고 있다.

바람난 중국

최근 중국은 결혼하는 부부보다 이혼하는 부부가 더 많다. 이미 이혼율도 세계 최고이다.

중국 민정부 통계에 따르면, 1980년 중국의 이혼 건수는 34만 1천 건에 불과하였으나 1990년 80만 건으로 증가했고, 2000년에는 121만 건, 2010년에는 196만 건으로 급증했다. 그리고 2012년에 들어서자 310만 4천 쌍으로 집계됐다. 하루 평균 8,600쌍의 부부가 이혼하는 셈이다.

상하이 사회과학연구소 쉬안치(徐安琪) 연구원은 "최근 이혼하는 부부를 살펴보면 30~40대 부부가 이혼하는 경우가 많다"며 "급속한 경제발전에 따른 전통적 혼인관의 변화와 여성들의 경제적, 사회적 지위가 강화되면서 이혼율이 증가하고 있다"고 분석했다.

시장경제는 중국의 가정에 풍요를 가져다주었지만, 곧 바람난 중국을 부추겼다. 외도가 이혼사유에서 점점 큰 비중을 차지하는 것도 그 때문이다.

쓰촨성(四川省)의 한 리서치 기관에서 지난 2009년부터 3년간 부부간의 이혼 원인을 조사한 결과, 약 70%가량이 남편 또는 아내의 외도로 인해 이혼한 것으로 나타났다. 베이징 하이뎬(海淀) 법원에서도 최근 200건의 이혼사례를 조사한 결과, 이혼사유의 60%가 남편의 외도였다.

이혼이 점차 일상사가 되자, 젊은 세대는 결혼에 대해 날로 회의적 시각을 가지게 됐다. 기혼자들의 마음속에도 '언제든 결혼은 깨질 수 있다'는 불안감이 서서히 자리잡게 되었다.

그러므로, 중국의 충성서약 열풍에는 중국사회의 자화상이 담겨 있다. 중국여성들은 이 충성서약을 통해 강한 의지를 선언한다.

'언제 깨어질지 모르는 가정, 남편은 잃더라도, 경제권은 결코 잃지 않겠다'고.

食

Shí

마오(毛)의 숟가락

숟가락은
뒤뜰 용광로에서 녹고 있었다.
마오 주석이 내린 천국의 사다리
그곳에 닿기 위한 강철이 제련돼 갈수록
인민들은 허약해져갔다.
논밭은 황폐화됐다.
그해, 수천만 명이 굶어 죽었다.
시신들은 땅에 묻히기가 무섭게 흔적도 없이 사라졌다.
배고픔은 부성애도 삼켰다.
죽은 아이를 먹은 아비는
토하다가 울다가 혼절했다가
그의 간청대로 처형당했다.
어떤 부모들은 아이를 위해 기꺼이 인육을 자처했다.

짐승 같은 시간들
그들의 갈망은
따순 밥 한 그릇
내 입
아니,
내 새끼 입에 넣는 것.

TIP
문화대혁명을 소재로 한 장융의
성장소설 〈대륙의 딸〉을 근거로 씀.

NOTE　마오의 숟가락과 뒷마당 용광로

1958년부터 1961년 사이, 중국에서 약 3천만 명(비공식적으로 5천만 명)이 굶어 죽는 대기근이 일어났다. 자연재해가 아니었다. 중국을 공산주의 유토피아로 만들겠다던 마오쩌둥의 허황된 꿈이 빚은 대참사였다.

마오는 자신이 꿈꾸는 천국에 닿기 위해 사다리가 필요했다. 그 첫 번째 사다리는 '대약진 운동'이었다. 전국에 거대한 인민공사가 설립됐다. 인민들은 자신들의 토지와 재산을 인민공사에 기부해야 했다. 토지의 공동소유와 생산물의 동일배분이 원칙이었다. 노동력을 집중시키기 위해 공동생활, 공동취사 등 집단생활이 시작됐다. 중국과 소련 사이에 분쟁이 일면서 소련의 지원이 끊겼다. 당시 중국 공산당은 중국이 경제대국이 되기 위해서는 철강대국이 돼야 하며, 15년 안에 영국과 미국을 따라잡겠다고 공언했다. 인민들은 마오의 숟가락이 자신들의 배를 따뜻하게 해 줄 것이라 믿어 의심치 않았다.

뒷마당 용광로가 탄생했다. 마을 한가운데 원시적 제련소를 만들어 놓은 것이다. 농기구, 자전거, 솥, 심지어 숟가락까지 쇠붙이는 모두 용광로 속으로 들어갔다. 인민들은 강철대국을 위해서, 잘 먹고 잘 사는 공산주의 천국을 꿈꾸며 자신들의 숟가락조차 아낌없이 용광로에 던졌다.

하지만, 현실은 마오가 꿈꾸던 그것과 크게 달랐다. 이렇게 생산된 철강은 품질이 형편없었고, 모두 폐고물 쓰레기로 남았다. 더욱 심각한 문제는 모든 농민들이 이 철강산업에 동원되는 바람에 중국의 논밭이 황폐화됐다는 것이다. 쇠로 된 농기구마저 모두 사라졌다. 결국 대기근이 닥쳤고, 그 해 자연재해까지 겹치자 3천만 명 이상의 아사자가 발생했다.

그것은 마오가 공언했던 공산주의 천국과는 전혀 달랐다. 장융의 논픽션 소설 〈대륙의 딸〉에서 묘사된 것처럼 아사 직전에 처한 사람들이 자식을 잡

위 / 1961년 광저우. 수천만 명의 아사자가 속출하던 때,
사람들이 쓰레기 속에서 먹을 것을 찾고 있다.

아래 / 1958년 허베이성 '인민공사'의 식사모습. 당시는 생산성을
극대화하겠다며 집단노동, 집단생활 체제가 도입됐다. 식사시간도
아끼기 위해 공동식당에서 한솥밥을 먹어야 했다.

아먹는 아비규환의 지옥이 펼쳐졌다.

　대약진 운동은 실패로 끝이 났다. 마오쩌둥에게는 정치적으로 크나큰 치명상을 남겼다. 결국 이 대약진 운동의 실패를 만회하기 위해서 1966년, 마오쩌둥은 피의 혁명, 문화대혁명을 시작한다. 그것은 세계 역사상 유례없는 10년 동안의 길고 긴 어두운 터널이었다.

원바오(温飽)

식량배급제의 기억

"백성들은 먹는 것을 하늘로 여긴다"(民以食爲天)
중국인들이 자주 하는 말이다. 이 말 속엔 중국인들의 각별한 음식 사랑이 담겨 있다. 중국이 요리천국으로 명성을 떨치는 것도 중국인들의 음식에 대한 원초적 욕망이 한몫하고 있을 것이다.

그런 중국인들에게 신중국 건설 이후, 1980년대 말까지 40여 년의 세월은 잔인한 시간이었다. 신중국이 건설되고 계획경제가 시작되면서 도시주민들에게는 '양표'(糧票)가 배급되기 시작했다. 식량배급제가 시작된 것이었다.

양표의 기준은 엄격했다. 사람의 노동강도에 따라 급수를 나누고 월별 배급량을 정해서 그에 합당한 '양유(糧油)구매증'을 발급했다. 예를 들면, 초등학생은 한 달에 쌀 27근(1근/500g), 중노동을 하는 근로자는 35근이었다. 아이를 출산한 산모에게는 계란이 하나씩 더 지급됐다. 만약 출장을 갈 경우에는 지방에서 발급한 '지방 양표'가 아니라 '전국통용 양표'가 필요했다. 이것을 발급받으려면 직장의 출장 증명서가 있어야 가능했다.

하지만, 늘 쌀은 부족했다. 고기는 말할 것도 없었다. 한 달에

1인당 반 근 정도가 할당됐으니 아주 특별한 날에만 구경할 수 있는 귀한 것이었다. 취재과정에서 만난 왕천룽(王天龍., 72세)씨는 당시를 이렇게 회상했다. 그는 당시 인민해방군의 고위직 군인이었다.

"아주 귀한 손님이 저희 집을 방문한 적이 있었어요. 반가워서 얘기가 길어졌고, 그 손님의 뱃속에서 꼬르륵 소리가 날 때야 저녁식사 때가 된 걸 알았어요. 그런데 국수 한 그릇 먹고 가라는 말을 할 수가 없었어요. 그분께 국수를 대접하면 그날 우리 가족 중 누군가는 굶어야 했으니까요. 저희는 그래도 남들보다 좀 여유 있는 형편이었는데도 그랬어요.… "

그래서 사망신고를 하지 않는 세대들이 늘어났다. 조사원들이 집집마다 방문해서 사망자 조사를 할 정도였다. 어쩌면 '먹는 것이 하늘'이라는 중국인들의 생각은 뼛속 깊이 새겨진 배고픔의 기억 때문인지도 모른다.

1988년부터 식량배급제가 사라지기 시작했다. 개혁개방으로 중국경제가 좋아진 때문이기도 하지만 농학자 위안룽핑(袁隆平)의 벼품종 개량으로 대량생산이 가능해지면서 인민들의 식량문제가 어느 정도 해결됐기 때문이었다.

식량배급제의 폐지에 가장 앞장선 곳은 광둥(廣東)성과 후난(湖南)성, 장시(江西)성이었다. 이들 지역은 식량배급제를 폐지함과 동시에 식량가격을 자유화했다. 가장 먼저 개혁개방의 바람, 대변화를 받아들인 것이다. 당시 4세대 지도자 후진타오 주석은 이런 말을 했다.

"이제껏 50년 동안 농민들이 허리띠 졸라매고 도시인들을 먹여 살리며 지원한 덕분에 공업을 이만큼 발전시켰습니다. 이

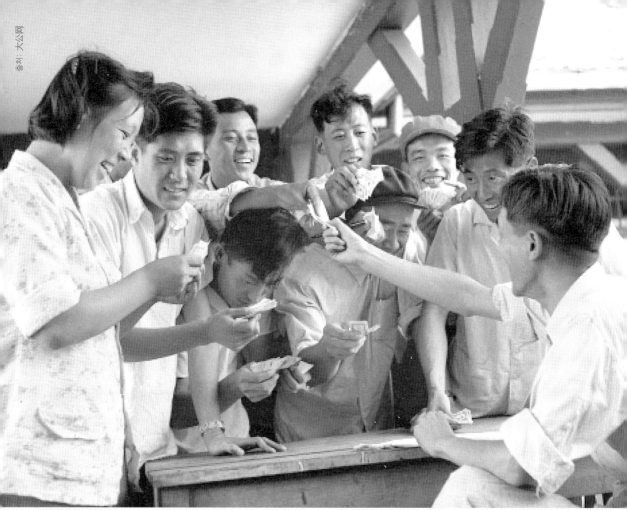

출처: 大公网

양유국(糧油局)의 식량배급 풍경.
양표를 가져가면 실물로 교환할 수 있다.

출처: 大公网

1949년부터 1988년까지 통용됐던
식량배급제의 '양표'

제 도시에서 농촌을 먹여 살려야 할 때가 되지 않았습니까? 50
년을 5년 안에 갚아 농민들의 터전을 만들어 줍시다."

식욕의 폭발

개혁개방은 급속한 경제발전과 동시에 음식을 향한 중국인들
의 '억눌려온 욕망'도 폭발시켰다. 덩샤오핑이 가장 먼저 인민
들에게 한 약속도 배곯지 않는 세상, 배부르고 등 따뜻한 세상,
즉 '원바오'(溫飽)였다.

그는 약속을 지켰다. 그의 공언대로 더 이상 굶어 죽는 사람
이 없었고 밥상도 풍성해졌다. 음식을 향한 중국인들의 원초적
욕망도 다시 불붙기 시작했다. 소득과 소비가 늘면서 외식산업
이 무서운 속도로 성장했다.

중국 사회과학원의 《재경청서》에 따르면, 중국 요식업의 매
출 총액은 1978년 54만 8천 위안에 지나지 않았지만, 2008년
에는 무려 1조5,404억 위안에 달했다. 지난 30년 동안 경제성
장률보다 더 높은 초고속 성장을 해온 셈이다. 이제 중국 요식
업은 국민경제를 이끄는 중요한 한 축으로 자리잡았다.

하지만, 이 멈출 줄 모르는 요식업의 성장 이면에는 중국의
두 얼굴이 가려져 있다.

깨어진 한솥밥

순펑(順峰)이라는 고급식당의

한 끼 식사는 3만 위안

도시근로자의 6개월치

법적 최저임금의 2년치

농민공의 4년치 임금

라오바이싱(老百姓)이 먹는 5위안짜리 국수 6,000그릇

농민공들이 먹는 만토우(饅頭) 90,100개

깨어진 한솥밥

깨어진 유대감

한솥 안의 중국이 왈칵 쏟아져 흐른다.

건더기는 건더기대로

국물은 국물대로

중국음식엔 계급이 있다

깨어진 한솥밥

개혁개방 이전 중국에는 당원과 군인, 라오바이싱(老百姓: 일반 서민)의 세 가지 계급이 있었다. 유토피아적인 공산주의 사회를 건설하겠다는 마오쩌둥의 공언 아래, 모든 계급은 하나로 똘똘 뭉쳤고, 똑같이 '한솥밥'(大鍋飯)을 먹으며 허기를 달랬다.

개혁개방과 동시에 '샤하이'(下海)의 시대가 찾아왔다. 자신의 밥그릇은 스스로 챙겨야 하는 무한경쟁의 시대, 남들보다 먼저 기회를 잡기 위해 사람들은 거대한 생존의 바다로 뛰어들어야 했다.

시장경제가 급성장하자 중국사회의 계급구조에도 큰 변화가 일어났다. 라오바이싱의 대부분을 차지하던 농민이 도시로 대거 진출해 농민공(農民工)을 형성하는가 하면, 소상공인과 벼락부자인 '폭발호'(暴發戶) 등 신흥계급들이 생겨나기 시작한 것이다.

개혁개방 이후, 중국사회의 계층변화는 요식업계에 그대로 투영됐다. 경제성장의 주역으로 등장한 소상공인과 폭발호들이 그들의 신분상승에 어울리는 고급식당을 찾아 나서는가 하면, 동일한 음식이 소비하는 계급의 소득에 따라 천양지차가

순펑식당은 광동요리점으로
베이징에만 8호점을 냈다.

되는 기현상이 일어났다. 지갑의 두께에 따른 '음식계급'이 탄생한 것이다.

시장경제가 이끄는 세상에서 '돈'은 곧 새로운 권력이었다.

고기를 소화할 수 없는 내장을 가진 사람들

중국에 처음 왔을 때 한 가지 이상한 현상을 발견했다. 똑같은 메뉴의 음식이 식당의 위치에 따라 엄청난 가격차이가 난다는 것이다. 최고 수십 배 이상 가격차이가 나는 음식도 있었다.

우리나라의 경우 같은 음식이 그렇게 가격차이가 나는 음식은 없다. 가장 가격차이가 많이 난다는 삼계탕을 예로 들어보자. 일반식당에서 1만~2만 원 정도이지만 고급호텔 식당에서 전복까지 넣은 전복삼계탕은 15만 원(?) 정도인 게 보통이다. 우리나라에선 부자와 가난한 사람의 음식이 따로 구분돼 있지 않다. 돈 없고 가난하다고 해서 먹지 못하는 음식도 거의 없다.

하지만 중국에는 이런 현상이 존재한다. 그렇다면 이것은 무엇을 의미하는가.

KBS 수요기획 〈중국음식엔 계급이 있다〉(2004)는 그렇게 만들어졌다. 우선 음식 하나를 선정해서 비교해 보기로 했다. 베이징 요리를 대표하는 '카오야'(오리구이)를 통해 가격과 손님의 계급을 비교해 보면 명확할 것 같았다. 백년노점인 '취엔취더'(全聚德)의 카오야, 청나라 황제식당 〈쟈칭두〉의 전통 카오야, 신흥 부유층들에게 인기 있는 〈따둥〉(大董)의 웰빙퓨전 카오야, 그리고 중산층, 서민층에게 인기가 있는 〈따야리〉(大鴨

利)의 카오야 등 사는 지역과 수입에 따라 고객층이 확연하게 구분되어 있다.

취재결과 가격은 최고 800위안(약 14만 원)부터 26위안(약 4,500원)까지 무려 30배 이상 차이가 났다. 서민들이 가장 많이 먹는 카오야는 38위안(약 6,700원)짜리였다. 가격의 차이만큼 오리의 등급, 굽는 방식, 식당 인테리어, 식당 위치, 서비스의 질, 모두 달랐다.

당시 내가 살던 아파트 부근에는 아파트 건설현장이 있었다. 농촌에서 돈을 벌기 위해 도시의 건설노동자로 건너온 농민공들이 그곳에서 일하고 있었다. 그 현장을 지나치며 자주 그들의 길거리 식사를 눈여겨보았던 나는 직접 농민공들을 찾아가 만나 보기로 했다. 농민공들은 한 번이라도 '베이징 카오야'를 먹어 봤을까 궁금했다.

중국에서 농민공을 취재하는 일은 쉽지 않다. 중국의 어두운 면을 취재하는 것, 특히 가장 밑바닥 인생이라고 하는 건설현장 농민공들을 외국언론이 취재하는 것에 대해 아주 민감하게 반응하기 때문이다. 나에게 불이익이 오는 것은 감수하겠지만, 혹시라도 취재에 응했던 사람들에게 피해가 갈지도 모른다는 생각이 미치자 취재가 망설여졌다. 농민공을 촬영하다가 중국 공안에게 잡혀 촬영 테이프를 다 뺏겼다는 모 방송국 PD의 얘기도 떠올랐다.

하지만 현대 중국의 계층에서 가장 낮은 계층을 차지하는 그들의 이야기가 없다면, 급변하는 중국의 실상, 그리고 음식계급을 논할 수 없다는 결론을 내렸다. 무작정 카메라를 들고 그곳을 찾아갔다.

건설현장의 농민공들이 만토우, 죽, 짠지로 점심식사를 하고 있다.
(KBS수요기획 '중국음식엔 계급이 있다' 방송화면)

점심 무렵이었다.

역시나 한 무리의 농민공들이 거리에 나앉아 밀가루 덩어리 빵인 '만토우'와 배춧국을 먹고 있었다. 반찬이라고는 소금에 절인 짠지(자차이)가 전부였다. 마침, 만토우를 입에 쑤셔 넣고 있는 한 젊은 농민공과 눈이 마주쳤다. 어색함을 무마해 보려고 얼떨결에 바보 같은 질문을 던졌다.

"맛있어요?"

"맛없어요."

"왜요?"

"싸구려니까 맛이 없죠."

농민공이 어이없다는 듯 피식 냉소를 날리더니 밥그릇을 텅 내려놓는다. 그들의 아픔을 건드리는 것 같지만, 어쩔 수 없었다. 대답을 끌어내기 위해선 계속 우문(愚問)을 던져야만 한다. 멍청한 질문을 던지는 내가 바보처럼 보였는지 농민공들이 경계의 눈빛을 풀기 시작했다.

"점심때도 같은 걸 먹나요?"

"똑같아. 만토우, 죽, 짠지."

"언제부터 같은 것만 먹었어요?"

"난 4개월째."

허베이성(河北省)에서 올라왔다는 한 농민공이 대답하자, 옆에 있던 나이 들어 보이는 농민공이 가소롭다는 듯 한마디 거든다.

"난 벌써 1년째 먹고 있어."

"이거 먹고 힘이 나요?"

"이게 우리 생활인데 뭐 … ."

농민공들이 점심식사에 관한
인터뷰에 담담하게 대답하고 있다.

우리들의 바보 같은 대화를 귀를 쫑긋 세워 듣고 있던 농민공들이 하나둘 우리를 에워쌌다. 이제 본격적으로 궁금한 이야기를 들을 수 있을 것 같았다.

　이곳의 농민공들은 아침 5시 반부터 하루 일과를 시작해 저녁 9시까지 일한다고 했다. 쉬는 시간이라고는 밥 먹는 시간이 전부였다. 2년 계약으로 이곳에 왔다는 한 농민공은 2년째 똑같은 메뉴를 먹고 있다고 했다.

　건설현장 바로 앞에는 작은 식당이 있었다. 그렇다면 식당에 가서 사 먹을 수는 있지 않은가. 나의 궁금증에 나이 지긋한 한 농민공이 차근차근 설명을 이어갔다. 그의 얘기를 정리하면, 농민공들의 한 달 임금은 700위안(12만 원/ 2004년 기준) 정도. 그런데 매달 임금을 주는 게 아니라, 계약기간이 끝나는 날에 목돈으로 주는 경우가 많다. 계약기간은 보통 1~2년인데 계약만료가 되더라도 임금을 떼이는 경우도 허다하다는 것이다.

　"한 달에 우리 수중에 들어오는 돈은 겨우 20위안(3,500원)이에요. 그 돈으로 담배도 사 피워야 하고, 아프면 약도 사서 먹어야 하고, 고향에 장거리 전화도 해야 되는데 식당요? 언감생심이죠."

　코앞에 있는 작은 식당에도 갈 수 없는 이 농민공들에게 나는 정말 사치스러운 질문을 던졌다.

　"그럼 카오야는 먹어본 적이 없나요?"

　순간 농민공들이 술렁이기 시작했다. 그들은 마치 카오야라는 말을 처음 듣는 사람들처럼.

　서로의 얼굴을 바라보았다.

　"만리장성에 오르지 않고는 사내대장부라 할 수 없고 카오

야를 먹어보지 않으면 평생 한(恨)이 된다(不到长城非好汉,
不吃烤鸭有遗憾)는 유명한 말도 있잖아요."

술렁이던 농민공들 중 한 사람이 텔레비전에서 본 적 있
다며, 카오야 만드는 방법에 대해 설명을 보태자 그제서야
사람들은 겨우 '카오야'라는 음식을 기억해냈다. 그리고는
답답하다는 듯 대답했다.

"우리는 고기를 먹지 못해요. 왜냐하면, 우리는 태어날
때부터 고기를 소화할 수 없는 내장을 가지고 태어났어요.
아시겠어요?"

어디선가 호각소리가 들려왔다. 점심시간이 끝났음을 알
리는 작업반장의 신호였다. 농민공들은 미처 다 먹지 못한
만토우를 입이 찢어져라 쑤셔 넣으며 흩어졌다. 그들의 짧
은 점심시간을 뺏은 것 같아 죄스러웠다.

농민공들에겐 '그림의 식당'인 길 건너 '동북교자 식당'
이 눈에 들어왔다. 식당으로 들어서자, 현장 관리자들이 점
심식사를 하고 있었다. 기름진 배, 윤기 흐르는 안색, 그들
은 방금 만났던 농민공들과는 확연히 달랐다. 나는 현장 관
리자들에게 이곳에서의 한 끼 식사비용을 물어보았다.

"1인당 10위안(1,800원)정도 씁니다."

그 옆자리에는 우리나라로 치면 노가다 십장 격으로 새
끼사장인 '샤오라오반'(小老班)들이 대낮에 맥주까지 곁들
여 오찬을 즐기고 있었다. 경계심을 풀기 위해 이런저런 얘
기를 나누다가 본색을 드러내는 질문을 던졌다.

"농민공들은 볼 때마다 맨날 같은 음식을 먹고 있어요.
왜 그런가요? 농민공들은 이런 식당에 올 수 없나요?"

정 언쾅(49세) /현장감독
보통 민공들은 이런 데 와서 못 먹어요

쑨 시팡(30세) /현장감독
한 끼 식사 비용은?
10위엔(약 1500원) 정도

건설현장 근처 식당에서 현장 관리자들이
한 끼 식사비용을 말하고 있다.

리추파의(31세) /민공
지금 돈 얼마나 있어요?
11위엔 20전(약 1680원), 한 달 쓸 돈입니다

농민공이 말한 한 달 용돈은 현장
관리자들의 한 끼 식사비용과 비슷하다.

샤오라오반이 눈을 크게 뜨고 되물었다.

"그 사람들 하루 일당이 얼마인지 알아요? 20위안(약 3,500원)입니다. 그런데 이런 식당에서 밥을 먹을 수 있겠어요?"

이들의 얘기를 종합하면, 농민공들은 하루 종일 일해서 번 임금으로 이 식당에서 겨우 두 끼의 식사를 할 수 있었다. 목돈 벌어서 고향에 돌아가야 하는 농민공들, 어느 누가 하루 임금의 절반을 지불하고 한 끼 식사를 할 수 있겠는가.

취재 도중, 카오야의 대명사로 알려진 백년노점 '취엔쥐더'를 찾았다. 마침 식당 앞에서 촬영장비를 점검하고 있었는데 바로 취엔쥐더 앞에서 하수구 공사작업을 하는 농민공이 눈에 들어왔다. 말을 붙여볼 요량으로 심심한 질문을 던졌다.

"이 취엔쥐더 식당이 왜 그렇게 유명한 거예요?"

그가 작업을 잠시 멈추더니 작업반장의 눈치를 살피면서 대답했다.

"카오야 때문이죠. 돈 있는 사람들한테 인기가 좋아요."

"맛은 거의 비슷한데 왜 카오야 가격이 식당마다 그렇게 차이가 나는지 모르겠어요."

"그것은 사람마다 등급이 다르니까 그렇죠. 고(高), 중(中), 저(低). 돈 있는 사람도 있고 돈 없는 사람도 있으니 당연히 먹는 것이 다른 거죠."

그는 아마도 자신은 평생 취엔쥐더의 카오야를 먹을 수

한 농민공이 사람의 등급마다 다른 가격대의 음식을 먹는다고 말하고 있다.

없을 거라고 했다. 취엔쥐더의 카오야가 168위안인데, 현재 자신의 수입으로는 불가능하다는 것이었다. 그 농민공의 눈빛은 이미 운명을 알고 있는 사람의 체념이 가득 차 있었다. 그는 힘없이 삽을 들어 공사장으로 몸을 돌렸다. 그때 고급 외제차들이 경적을 울리며 그의 앞을 가로질러 지나갔다. 그가 나를 쳐다봤다.

"봤어요? 모두 돈 있는 사람들이죠! 내 말이 맞죠?"

머리의 크기가 모자를 결정한다

광둥요리로 유명한 '순펑'은 고급식당의 대명사이다. 이곳의 대표 메뉴는 황제게와 제비집, 샥스핀 등의 해산물 요리다. 한 끼 식사가 3천~3만 위안(53만~530만 원/ 4인 기준)이지만, 식당은 항상 만석이다. 이 식당에서 파는 '석반어'라는 생선 한 마리의 가격은 36만 원. 농민공들이 일하는 건설현장 건너편에 있던 '동북교자 식당'(1인분 1800원)의 무려 200인분 가격에 해당하는 금액이다.

그럼에도 이 순펑에는 발 디딜 틈 없이 손님들이 붐빈다. 이유가 뭘까? 이 식당의 총지배인 천쿼하위는 먹는 것을 중시하는 중국인들에게 '어느 식당에서 무엇을 먹었다'는 것은 자신의 신분을 나타내 주는 것이라고 설명한다. 그는 중국의 속담을 하나로 들려주었다.

순펑의 총지배인 천진하위가 중국의 신분에 따른 음식소비 문화를 설명하고 있다.

"중국에는 이런 속담이 있습니다. '머리의 크기에 따라 모자의 크기가 결정된다.'"

그는 '돈과 권력, 계급에 따라 먹는 음식이 다르다'는 사실을 순펑이 직접 실천하고 있다면서 자랑스러워했다. 100억짜리 비즈니스를 하면서 100만~200만 원짜리 식사를 하는 것은 당연한 일이 아니냐고 반문하기도 했다. 순펑의 주 고객은 나랏

위 / 광둥요리의 대표인 '광둥어선'
아래 / 새끼돼지 훈제 바비큐인 '카로루주'

돈과 회사돈을 쓰는 이른바 '공금 소비층'인데, 이들의 소비가 총 매출액의 70%를 차지한다.

중국의 '삼공소비'(三公消费: 공용차 구입 및 운행비, 해외 출장비, 공무 접대비) 중 식사ㆍ음주비용은 1989년 370억 위안(6조 4,750억 원), 1994년 1천억 위안(17억 5천만 원), 2002년 2천억 위안(35억)이었다.

2012년 진보적 성향을 띠는 야당 구삼학사(九三学社)는 양회(兩会)에 제출한 안건에서 공무원들의 '삼공소비' 중 식사ㆍ음주 명목으로 지출한 금액이 2011년 한 해 동안 3천억 위안(52조 5천억 원)에 달한다고 폭로했다. 해마다 52조 5천억 원이 식당가에 뿌려지는 것이다.

NOTE   그들만의 축제

공금이라는 눈먼 돈을 먹고 중국 요식업은 성장했다.

중국요리협회에 따르면, 2010년 중국의 요식업 시장규모는 2조 위안 (350조 원)에 이르렀고, 2013년에는 3.3조 위안(578조 원)에 달할 것으로 전망했다. 경제성장률을 상회하는 요식업의 기형적 성장 속에서 음식을 통한 계급격차는 더욱 벌어지고 있고, 신흥 상류층으로 편입된 부자들에 의한 음식독점 현상도 더욱 가속화되고 있다.

최근에는 '황제 마케팅'을 내세운 고급식당들이 기하급수적으로 늘어나는 추세이다. 주요 타깃은 역시 나랏돈과 회사돈을 쓰는 공무원들과 중국의 신흥부자들이다.

순펑과 어깨를 나란히 하는 고급식당 '차오지앙난'(俏江南)의 주요 고객도 신흥부자들이다. 이곳은 중국의 신흥 상류층을 겨냥, 세계적인 건축 디자이너 필립 스탁을 초빙, 무려 20억 원의 설계비를 들여 인테리어를 했다. 이 식당의 음식가격은 4인 기준으로 2천~8천 위안(35만~140만 원) 이다. 그럼에도 순펑은 베이징에 8호점을, 차오지앙난은 5호점까지 냈다.

취재하는 과정에서 휘황찬란한 고급식당들을 수없이 촬영하고, 요리가 아니라 작품이라고 할 만한 고급요리들도 맛보았지만, 밀가루 빵과 짠지를 먹던 농민공들의 모습이 계속 눈에 밟혔다.

'가장 먹고 싶은 음식이 무엇이냐'는 나의 잔인한 질문에 한 농민공이 대답했다.

"뭐든지 다 좋아요. 이 밀가루 빵만 아니면".

Rén

나는 농민공

닭보다 먼저 일어나고
고양이보다 늦게 잠들며
당나귀보다 더 힘들게 일하고
돼지보다 더 못한 것을 먹는다.

– 중국 인터넷상의 어느 농민공의 일기 중에서

신세대 농민공들의 반란

맹류

개혁개방과 동시에 중국에는 거대한 인간물결이 형성되었다. 농촌에서 비롯돼 도시로 흘러들어가는 그 거대한 흙빛물결은 마치 황허(黃河)의 물줄기 같다고 해서 '맹류'(盲流)라고 불렸다. 그들은 도시로 흘러들어와 새로운 계층을 형성했다. 그들을 '농민공'이라 부른다.

식량배급제의 폐지(1992)는 맹류의 직접적 도화선이 됐다. 도시인들에게만 시행되던 식량배급제는 농촌인구의 도시유입을 막는 튼튼한 제방 역할을 하고 있었기 때문이다. 농촌사람들은 도시에서 식품과 생활필수품을 살 수 있는 방법이 없었다. 식량배급제라는 제방의 붕괴는 농민들의 욕망도 범람하게 했다.

1996년에 6천만 명이던 농민공의 숫자는 1999년에는 8,200만 명, 2000년도에 8,840만 명, 2003년에는 1억 139만 명에 달했다(蔡志海 논문 "農民工進城" 중 인용)

그런데 2012년, 농민공의 숫자는 2억 6천만 명에 달했다. 전체 인구의 20%가 농민공인 것이다. 더욱 놀라운 것은 해마다 평균 1천만 명씩 무서운 속도로 증가하고 있다는 것이다.

'농민공'들은 중국 경제성장의 엔진이었다. 중국은 그들의 값싼 노동력으로 '세계의 공장'을 돌렸고, 그 누구도 따라올 수 없는 가격 경쟁력으로 세계시장을 장악했다. 세계최고의 외환 보유고를 자랑하는 부자국가 중국의 일등공신은 단연 '농민공'들이었다.

인력자원과 사회보장부(人力资源和社会保障部)의 발표에 따르면 2011년 외지농민공의 월평균 수입은 2,049위안으로 2010년보다 21.2% 증가했다. 이는 베이징 도시근로자 평균임금 4,501위안의 절반에도 미치지 못하는 액수다. 하지만 그들에겐 주거, 교육, 의료, 노후보장 등 도시인들이 누리는 기본적인 '5險 1金'(중국의 사회보장제도)의 혜택조차 없다.

농민공들은 1~2년 계약으로 대도시로 흘러들어와 밑바닥 생활을 하며 고향으로 돈을 보낸다.

　그런 그들을 중국에서는 '노동철새'(勞工候鳥), 혹은 농촌과 도시의 중간에 있는 사람들이라고 해서 '경계인'(邊緣人)이라고 부른다.

신세대 농민공, 그들은 누구인가

2013년, 2억 6천만 명을 돌파한 농민공 가운데 1억 명은 1980년대 이후에 태어난 신세대 빠링호우(80後)들이다. 그들은 도시에서 일자리를 얻는 것만으로 감지덕지했던 부모세대의 농민공과는 확연히 다른 의식을 가지고 있다. 도시에서 힘들게

중국 대도시들은 농민공들의
값싼 노동과 눈물을 먹고
성장하고 있다.

돈을 벌어 고향으로 돌아가는 농민공 이야기도 이젠 구식이다.

신세대 농민공들은 고향으로 돌아갈 마음이 전혀 없다. 농촌에서 태어났지만 농사를 지을 줄도 모른다. 실제 2012년 1월, 중국 국무원 발전연구센터의 〈농민공 여론조사〉에 따르면 84.5%의 신세대 농민공은 전혀 농사를 지어본 적이 없었고, 30%는 고향에서 농사지을 땅조차 없으며, 92.3%가 농촌으로 돌아가지 않겠다고 답했다. 그들은 젊고, 도시는 농촌보다 기회가 많다.

전혀 귀향을 생각하지 않는 1억여 명이 넘는 '신세대 농민공'들은 중국정부에는 체증 같은 존재들이다.

그렇다면, '신세대 농민공' 그들은 누구인가.

신세대 농민공은 비단 출생연도와 연령의 개념뿐 아니라 역사적 개념도 내포한다. 그들의 성장배경은 전 세대 농민공들과 확연히 다르다.

첫 번째 신세대 농민공은 중국이 샤오캉(小康: 의식주 걱정하지 않는 물질적으로 안락한 사회, 비교적 잘사는 중산층 사회를 의미함) 사회로 막 진입한 시점에 태어난 세대이다. 농촌에서 태어났지만, 그들이 성장한 농촌은 어느 정도 가난을 벗어난 상태였다. 그들은 원바오(溫飽: 중국이 먹고사는 문제에서 막 벗어난 시기)시대에 자랐기 때문에 한 번도 굶어 본 적이 없다. 그들이 도시로 오는 이유는 명쾌하다. 생존이 아닌, 자신의 더 나은 미래와 발전을 위해서다. 물질적 풍요로운 생활에 대한 그들의 갈망은 그들의 원초적 동력이다.

두 번째, 신세대 농민공은 현대 중국 교육의 혜택을 받으며 성장했다는 것이 특징이다. 중국은 1986년에 '의무교육법'(义

신세대 농민공들이 짐짝처럼 실려
노동현장으로 가고 있다.

務教育法)이 제정되면서 초등학교부터 중학교까지 의무교육이 실시됐다. 2010년 중국 농업부 연구중심 조사결과 2010년 신세대 농민공의 평균 교육정도는 9.2년으로 과거 1세대 농민공들보다 1.6년이 높았고, 그중에서도 고등학교 이상의 교육을 받은 농민공도 30%에 달했다. 교육수준이 높은 이들은 취업할 때 직장의 발전성, 그리고 사회적 지위와 인권을 중요시한다.

세 번째, 신세대 농민공은 통신수단의 발달과 개방된 사회 분위기에서 성장했다. 그들은 어릴 때부터 텔레비전과 휴대폰을 끼고 살았다. 그래서 도시와 외부세계에 대한 이해도가 높다. 그들의 가치관은 이미 농촌문화와는 큰 괴리감이 생겼다. 그들이 외지로 나가 농민공 생활을 하는 기본적 이유도 한마디로 '도시생활에 대한 동경'이다. 그래서 그들은 직업에 대한 기대심리가 아주 높다. 그에 반해, 참을성이나 고생을 감내하는 정신력은 부모세대의 농민공들보다 한참 뒤진다. 중국 농업부 연구중심의 설문조사에 따르면 57.1%의 신세대 농민공이 2년 이내에 직종을 한 번 이상 바꿨고, 그중 77%는 직종을 바꾼 이유가 수입이 너무 적고 직장이 발전가능성이 없기 때문이라고 답했다. 이들의 구매력도 새로운 시장으로 떠오르고 있다. 이들은 휴대폰, PC 등 각종 개인용 전자제품과 미용, 음식, 여행 등 문화소비 욕구가 강하다. 부모 농민공 세대가 자신의 수입 가운데 57.3%를 저축해 고향집에 보낸 것과 달리, 신세대 농민공들은 2010년 기준 수입의 36.8%만을 고향에 보내고 나머지는 개인 소비에 사용하는 것으로 집계됐다.

네 번째, 신세대 농민공은 중국의 급속한 공업화, 도시화의 과정 속에서 성장했다. 그들은 부모 농민공 세대와 비교했을 때 취업의 기회가 더 많을 뿐 아니라, 선택의 여지도 더 많다. 그들의 바람은 오직 농촌을 떠나는 것, 도시주민이 되는 것이다. 그들은 직장과 사회 내에서의 평등을 중요하게 생각하고, 자신이 부당하다고 느끼거나, 권리를 침해당하는 것을 참지 못한다. 역시 중국 농업부 연구중심 조사결과에 따르면, 신세대 농민공 53.9%가 직장에서 자신의 권리를 침해당한 상황이 발생할 경우, 직접 사장을 찾아가서 문제제기를 하고, 협상하는 것으로 나타났다. 만약 자신의 요구조건이 받아들여지지 않으면 미련 없이 회사를 떠난다.

신세대 농민공은 특수한 중국 근대사가 만들어낸 특수한 계층이다. 현재처럼 매년 1천만 명씩 증가 추세로 간다면 앞으로 10년 뒤에는 4억에 달하는 거대한 농민공 계층이 형성될 것이다. 그들이 중국사회의 거대한 불만세력이 되지 않을까 중국정부가 전전긍긍하는 이유가 바로 여기에 있다.

NOTE   우리는 일회용 밴드가 아니다

최근 농민공들의 반란이 예사롭지 않다. 중국에서 벌어지는 크고 작은 시위는 매년 약 15만 건. 공장에서, 거리에서 하루에 수백 건의 소요사태가 발생하고 있다. 예전의 시위가 임금체불에 국한된 1인,혹은 소규모 시위라면, 요즘 농민공들의 시위는 조직화, 폭력화되는 양상이다.

최근 세계의 공장이 밀집된 광동성을 시발점으로 농민공들의 시위가 불붙기 시작했는데, 그 파업과 시위를 주도하는 세력은 바로 신세대 농민공들이다. 그들은 부당한 대우를 참지 않는다. 자신들이 싸구려 노동력, 일회용 밴드, 도시의 부속품으로 취급받는 것에 강하게 저항한다.

농민공들의 변화에 중국정부도 당황했다. 우선 급한 불을 끄는 방법은 임금인상밖에 없다. 선전과 광저우는 2012년부터 최저임금을 각각 1,500위안(약 26만 원)과 1,470위안(약 25만 7천 원)으로 인상했다. 중국 인력자원 사회보장부는 "12차 5개년 기간 중에 최저임금을 매년 13% 올리도록 지방정부를 독려하고 있다"고 전했다. 또 한편으로는 농촌진흥을 위한다는 명목으로 농민공들의 고향정착을 유도하고 있다.

최근에는 '농민공'이란 단어엔 현지주민들과는 신분이 다르다는 '차별'이 내포돼 있다며 이들의 사회적 지위를 개선하고 외지에서 온 노동자와 현지주민과의 진정한 융합을 위해 농민공이란 용어를 다른 말로 대체하자는 움직임도 일고 있다. 농민공들이 현지주민들과 융화되도록 하고, 이들의 권익을 높여 주자는 뜻이다.

세계의 공장, 광동성이 제일 먼저 총대를 멨다. 언론매체나 각 사회단체에 농민공이란 용어를 쓰지 말라는 지침을 내려보냈고, 외지에서 온 사람들이 취업이나 사회생활에서 기본적인 공공서비스를 받을 수 있도록 제도를 개선하겠다는 의지도 밝혔다. '신 광저우인' '신흥계약 노동자' '신세대

산업공인' '신시민' 등이 대체용어로 물망에 오르고 있다.

하지만, 명칭을 바꾼다고 해서 농민공들에 대한 사회의 시선, 사회보장 제도가 달라질 것 같아 보이진 않는다. 농민공의 처우개선 등은 근본적으로 도시민과 농촌민을 차별하는 호구제도를 고치지 않고서는 불가능하기 때문이다.

출처: 东南网

출처: 东南网

위 / 신세대 농민공 그들은 농촌에서 태어났지만 도시를 동경한다.

아래 / 신세대 농민공들의 특징은 자신의 권익보호에 적극적이라는 점이다.

위 / 신세대 농민공들이 중심이 된
혼다 중국공장의 파업현장.

아래 / 정저우에서 10명의 농민공들이
임금체불에 항의하며 생매장 시위를
벌이고 있다.

중국의 현대판 신분제로 불리는 호구(戶口)

호구(戶口)

사실

우리도 그러고 싶지 않아

하늘의 떠도는 구름처럼

물 위를 떠다니는 부평초처럼

한낱 작은 모래알이지만

드넓은 강과 하천의 바닥에 깔리고 싶어

뼛속 깊이 새겨진 유랑의 흔적

철새처럼 떠도는 우리네 삶

멈추지 않는 발길은 우리 일상이 돼 버렸지

주머니 속에서 꺼내는 증명서들마다

낙인처럼 찍힌 글자

너는 외지인 …

중국의 무명작가 원뿌의 글 중에서

현대판 신분제도

현대판 신분제도 호구

중국에는 아직도 호구(戶口: 후커우, 호적)가 있다. 태어난 지역에 따라 농촌과 도시 호구 두 가지 종류로 나뉜다. 달리 얘기하면, 농촌인, 도시인으로 신분이 결정되는 것이다. 중국에서는 자신의 호구가 있는 지역에서 평생 살다 죽는 것이 속 편하다. 호구가 '거주 이전의 자유'를 제한하기 때문이다. 그래서 호구를 중국의 현대판 신분제라고 부른다.

호구는 1958년 '호구등기조례'에 따라 농촌과 도시 주민을 구분해서 제정됐다. 농촌주민들의 도시 이주를 막기 위해 만들어진 중국 특유의 제도였다. 그러나 개혁개방과 동시에 급격한 산업화, 도시화가 진행되면서 더 많은 기회를 잡기 위해 농촌주민들은 도시로 흘러들어갔다. 중국정부 역시 도시의 인력난을 타개하기 위해 농촌의 잉여노동력이 도시로 몰리는 것을 사실상 묵인했다. 결국, 농촌주민들의 도시로의 이주를 막기 위해 만들어진 호구제도라는 제방도 사실상 붕괴됐다.

2012년 3월, 2억 6천만 명의 농민공들이 도시로 흘러들었다. 하지만, 농촌출신들은 호구가 자신들의 인생의 '평생족쇄'라는 사실을 자각하기 시작했다. 농민공(농촌출신의 도시근로자)들은 도시에서 취업은 물론이고, 주택, 의료, 교육, 노후, 사회복지, 사회보장제도에서 철저히 소외됐다. 14억의 인구 가운데서 농촌 호구를 가진 인구가 9억 명. 그들의 동시에 내는 불만의 목소리는 날로 높아져 갔다.

중국에서 호구의 위력은 대단하다. 특히 베이징 호구의 위력은 단연 으뜸이다. 2010년 런민왕(人民网)에 소개된 한 독자의 글이다.

"만약 당신이 베이징 호구를 가지고 있다면, 당신은 중국에서 최고의 특권을 누릴 수 있다.

베이징 시의 융숭한 대접을 받으며, 전국에서 최고로 아름다운 환경, 최고로 발전된 지역에서 삶을 영위할 수 있다. 최소의 비용으로 최고의 우수한 교육을 받을 수 있으며, 최소의 노력과 최하의 성적으로 가장 좋은 명문대학에 진학할 수 있고, 그럼에도 남들보다 가장 먼저 좋은 직장에 취직을 할 기회를 얻을 수 있다. 또 최저의 비용으로 의료 · 복지혜택도 받을 수 있을 뿐 아니라, 최소의 노동과 최소의 대가를 지불하고, 가장 최고의 연봉과 재산을 얻을 수 있다. 최고의 퇴직금과 정부의 보조금, 기타 복리를 누리는 것은 덤이다. 이것이 베이징 호구(戶口)를 가진 일등공민(一等公民)만이 누릴 수 있는 특권이다.

외지인들은 베이징 호구를 가진 일등공민들을 위한 희생자, 무상 공헌자들이다."

2008년에 베이징 암시장에서 베이징 호구가 무려 30만 위안(약 5,250만 원)에 팔린다는 뉴스가 보도됐다. 익히 알고 있는

위 / 베이징 호구

아래 / 외지인이 도시에서 거주할 때
필요한 잠시 거주증인 '잔주증'

일이었지만, 그 가격에 모두들 경악했다. 중국 언론들도 앞다 퉈 '호구제도'의 개혁에 대해 열변을 토했다. 암시장에서 호구 가 매매된다는 사실도 충격적이지만, 거액의 돈을 주고서라도 베이징 호구를 사려는 것은 그만큼의 특권을 누릴 수 있기 때 문이다.

온라인 토론방에서도 '호구제도'에 토론은 늘 백가쟁명(百家 爭鳴)의 주제이다. 돈을 주고 베이징 호구를 샀다는 익명의 한 네티즌은 "대졸 초임이 베이징 호구가 있는 경우와 없는 경우 에 3배 이상 차이가 난다. 1년에 연봉 차이가 몇만 위안이다. 호구를 사는 것이 더 이익이었다"고 고백했다.

어디 취직뿐인가. 베이징 호구가 없으면 '내 집 장만'은 물론 자동차 한 대도 마음대로 살 수 없다. 베이징 시는 2010년 자 동차 보유량이 500만 대에 달하자, 2011년 1월부터 시내 차량 통행 억제책의 일환으로 신규차량 번호판 추첨제를 실시하면 서 외지인에게는 '베이징 거주 1년 이상'으로 자격을 제한했 다. 2011년 2월에는 부동산 시장 과열을 막기 위해 '부동산규 제책'을 발표했는데 외지인은 5년 이상 세금이나 사회보험료 납부증명서를 내야만 집을 살 수 있도록 제한했다. 그것도 딱 한 채만 매입할 수 있다는 규정이었다.

베이징의 주택난과 교통난을 해결하는 데 베이징 '호구'(戶 口)가 없는 외지인들을 만만한 '호구'(虎口)로 삼았다는 불만과 비난들이 터져 나왔다.

하지만, 오만한 수도 베이징은 눈 하나 깜짝 하지 않는다. 되 레 2011년에는 베이징의 인구 억제책의 일환으로 베이징에 서 졸업한 외지인 대졸자들에 대한 베이징 호구를 2010년보다

60% 줄어든 6천 명으로 제한했다. 이런 불만에 대해 바이징푸 (白景富: 전인대 내무사법위원회부 주임)은 한 언론사와의 인터뷰에서 이렇게 잘라 말했다.

"베이징의 현재 인구가 2천만 명이오. 만약 다시 2천만 명이 더 생긴다면 어떻게 할 거요?"

베이징 인구는 2012년 1월, 2천만 명을 돌파했다. 이 가운데 베이징 호구를 가진 사람은 1천 2백만 명이다.

베이징 호구 받는 법

그렇다면 호구는 평생 바꿀 수 없는가. 베이징 호구를 받을 방법은 정말 없는가.

우선, 베이징의 호적제도에 따르면 외지인의 호구등록은 불가능하다. 현재 베이징은 물 부족, 기초설비 부족, 교통, 교육 등에서 이미 임계점에 다다랐기 때문에 어떻게든 베이징으로의 인구유입을 막아야 한다는 것이 베이징 시의 불변의 원칙이다.

하지만, '되는 일도 없고, 안 되는 일도 없는 것'이 중국이다. 중국 인터넷상에는 '베이징 호구 받을 수 있는 법'이 자세하게 소개돼 있다. 첫 번째는 국영기업에 취직하는 방법이다. 국영기업들은 베이징 호구를 준다. 그래서 필사적으로 사돈의 팔촌까지 꽌시(關係: 중국에서는 연줄)를 대고 뇌물과 청탁을 통해서라도 국영기업에 취직하려고 기를 쓴다. 다른 외자기업에 비해 월급이 적어도 중국 젊은이들이 국영기업에 취직하려는 이유가 그것이다. 만약에 몇 년 다니다가 다른 직장으로 옮기거나

출처: 北京晩報

베이징 인구는 2천만 명(2012).
베이징 호구가 없는 외지인이
800만 명이나 된다.

퇴직을 원할 경우에는 몇만 위안의 위약금을 내면 된다. 하지만, 베이징 호구를 통해 누릴 특권에 비하면 그 정도의 지출은 가치 있는 일이라고 여긴다.

두 번째는 IT 기업 등 신기술 하이테크 산업분야에 종사하면 된다. 그곳에서는 녹색카드로 불리는 '공작 거주증'(工作居住证)을 내준다. 이 증명서는 3년이 지나면 정식 베이징 호구를 받을 수 있다.

세 번째 방법은 암시장에서 호구를 사면 된다. 하지만 7만∼30만 위안의 거액이 필요하다. 대부분 가짜가 많으니 너무 믿지는 말라는 충고도 덧붙인다.

마지막 방법은 베이징 호구를 가진 사람과 결혼하는 일이다. 하지만, 결혼하고 10년이 지나야 정식 호구를 받을 수 있다. 특히, 베이징은 여자의 호적을 따르기 때문에 남편이 베이징 사람이고 부인이 외지인일 경우 이들 부부는 베이징 호구를 가질 수가 없다.

중국정부는 이에 따라 농촌과 도시민을 구분하는 호적제도를 아예 폐지하는 방안을 검토중이다. 2007년에는 허베이, 산둥, 충칭, 쓰촨 등 11개 성·직할시는 호적제도 폐지를 추진하기로 선언하기도 했다. 광저우나 상하이에서도 외지인의 호구 취득요건을 점차 완화하겠다는 개혁안을 내놓기도 했다.

하지만, 중국정부는 호구제도를 전면 폐지할 경우, 농촌에 잠재한 5억 명의 잉여노동력이 대거 도시로 몰려나올 것을 걱정하고 있다. 농촌인구가 급격하게 도시로 유입될 경우, 사회안정을 해치고 인구편중 현상이 생길 것은 불 보듯 뻔한 일이기 때문이다.

하지만, 2010년 중국의 12개 언론사가 이례적으로 52년 역사의 '호구제도'폐지를 촉구하는 공동사설을 냈다. 나머지 9억 명의 인민들의 불만도 불식되지 않고 있다.

"중국은 오랜 기간 호구제도로 인해 고통을 받아왔지만 우리는 인간이 자유롭게 태어났으며 거주 이전의 자유가 있다고 숭고하게 믿는다. 그러나 우리는 계획경제 시대에 태어난 호구제도라는 '폐정'(弊政)에 수십 년간 시달려왔다. 거주 이전의 자유와 신체의 자유는 불가분의 관계에 있는데도 호구제도는 국민의 자유로운 이전 자유를 제한해 헌법을 명백히 위반했다. 우리는 이제라도 자유와 민주, 평등이라는 헌법이 부여한 신성한 권리를 진정으로 누릴 수 있도록 전인대와 정협대표들이 호구제도 폐지를 목표로 개혁을 시작할 것을 촉구한다."

- 2010년 3월 3일자 12개 언론 사설 중에서

NOTE   내 친구의 호구

중국에서 알게 된 친구가 있다. 1975년생. 우리나라 나이로 39세. 6년 전에 이혼했다. 그녀는 집안의 독촉에도 불구하고, 아직도 독신을 고집하고 있다. 그 이유는 그녀가 남자들에게 깊은 불신을 가지고 있기 때문이다.

사실 객관적으로 그녀의 외모는 예쁘지 않다. 아니 더욱 솔직하게 말해서 성격은 한없이 좋으나 좀 둔감한 편이며, 성격 좋은 사람이 가질 만한 후덕한 풍채를 가졌다. 패션감각도 많이 떨어져서 터질 것 같은 얼굴에 아주 작은 안경을 겨우 걸치고 있으며, 흰 발목양말에 뾰족구두를 신고 뒤뚱뒤뚱 다닌다. 얼핏 봐도 아이 서넛을 낳은 중년 아줌마의 모습이다.

하지만, 그녀에게는 만인이 부러워할 만한 조건이 있다. 바로 베이징 호구가 있다는 것이다. 그래서 그녀는 특별한 기술도, 특별한 학벌도 없는데 마음만 먹으면 쉽게 취직을 할 수 있었다. 무엇보다 그녀는 남자들에게 아주 인기가 있었다. 베이징 호구 때문이었다. 특히 베이징은 여자의 호적을 따르기 때문에 그녀와 결혼하고 10년이 지나면, 남자들은 자연히 베이징 호구를 받을 수 있었다.

그녀의 첫 번째 결혼은 '호구' 그것 때문에 시작됐고, 그것 때문에 끝이 났다.

첫 남편은 그녀의 호구를 보고 접근했고, 나중에는 다른 여자와 대놓고 바람을 피우면서도 이혼을 해주지 않았다. 그때 그녀는 알았다. 그 남자가 사랑한 것은 자신이 아닌 베이징 호구였다는 사실을. 심한 우울증에 자살까지 생각할 즈음, 부모님이 나서서 반 강제로 이혼이 성사됐다. 그녀가 결혼을 여전히 동경하면서도 두려워하는 이유는 바로 첫 결혼의 상처가 깊은 트라우마로 남아 있기 때문이다.

이제 곧 사십을 바라보는 그녀. 부모님의 독촉에 시달리며 몇 번 선을 봤다. 항상 그녀의 빛나는 결혼조건은 베이징 호구였고, 남자들은 대부분 그것에 상당한 매력을 느끼는 눈치였다. 베이징 호구가 있으면 집 사는 것도, 자식의 교육도, 직장의 승진도 모두 우선권이 주어진다는 것을 잘 알고 있고 특히 외지인들의 경우 그것은 인생의 엘리베이터와 같은 행운의 티켓이었다.

그 후로도 그녀는 몇 명의 남자와 교제를 하는 눈치였지만, 잘 성사되지는 않았다.

얼마 전, 내 아이가 학교에 입학하면서 후견인이 필요했다. 외지인일 경우 몇 가지 귀찮은 절차와 서류들이 필요했지만, 베이징 호구를 가진 사람이라면 서류도 절차도 아주 간편했다. 그녀에게 전화를 하자 곧바로 베이징 호구를 들고 공증처로 나와 주었다.

그녀의 몸은 몇 달 새 많이 부어 있었다. 명함과 광고 전단지를 만드는 인쇄소에 근무하는데 몸은 편하지만, 봉급이 적다고 했다. 그래도 혼자 벌어 혼자 쓰는 것이니 만족한다며 특유의 낙천적인 웃음을 지어 보였다.

공증처 앞에서 우리의 차례를 기다리며 이런저런 얘기를 나누다가 요즘 사귀는 남자친구가 있느냐고 물어보았다. 그녀가 허공을 보며 대답했다.

"이제 곧 마흔인데 누가 나 같은 여자를 좋아하겠어. 특히 난 중국남자는 질색이야. 모두들 꿍꿍이속이 있다니까."

그녀는 자신의 손에 들려 있는 베이징 호구를 흔들며 말을 이었다.

"바로 이거! 이것 때문에 나를 이용하려고 하는 남자들뿐이야."

그녀는 깊은 한숨을 내쉬었다. 예전부터 그녀가 자주 한국남자가 좋다고 얘기했던 이유를 이제야 조금 이해할 수 있을 것 같았다.

공증이 끝나고 그녀를 바래다주는 길, 그녀는 왕징 병원 앞에 자신을 내려달라고 했다. 부인과 계통에 좀 문제가 생겨서 치료를 받고 있다고 했다. 그녀는 코끼리처럼 퉁퉁 부은 발을 끌고 병원 안으로 들어섰다.

베이징 호구가 있는 여자, 그녀의 청춘이 그렇게 저물고 있었다.

Zhù

북경 필살기

어느 베이징 사람이 베이징에서

...

한 사람은 금방 부자가 되고 두 사람은 연애하고 있고

매일 아침 눈뜨면 오늘 귀신이 곡할 노릇이라고 믿으며

한 사람은 방금 직장을 잃고 두 사람은 방금 연애를 시작하고

매일 밤마다 짐을 정리하고 떠나려고 마음먹는 사람들이 있어

베이징은 교실, 장원하면 금의환향하고

베이징은 전쟁터, 누군가는 암울하게 퇴장하고

난 금의하였지만 돌아갈 곳 없고

사랑을 잃고도 마음 달랠 곳 없네

난 베이징 사람.

전쟁터에서 태어나고 성장하였지

설 쇠러 너희들은 떠나가고 고향 말을 하니 행복하지?

그러나 당신들이 없으면 여기는 여전히 꿈같은 도시인가?

베이징 내 고향, 모래바람과 단풍은 나의 성장

베이징 내 꿈, 꿈속에서 짙고 푸르른 당신

-〈一个北京人左北京〉(노래 : 老狼 작사/작곡 : 高晓松) 가사 중에서

폭발 베이징

폭발, 베이징

베이징에서 출퇴근 시간에 지하철을 타려면, 크게 심호흡을 하는 것이 좋다. 가방은 최대한 몸에 바짝 붙이고, 전쟁터에 나가는 비장한 심정으로 호흡을 가다듬는다.

베이징에 왔던 첫해, 첫 지하철 탑승의 기억은 아직도 내겐 트라우마로 남아 있다. 천안문에 가기 위해 지하철을 탔던 그날, 1호선과 2호선의 교차지점인 젠궈먼(建國門) 역에서 나는 충격적 장면을 목격했다. 엄마와 대여섯 살쯤 보이는 딸이 손잡고 지하철을 타려다가 내리는 인파에 밀려 그만 손을 놓친 것이다. 지하철을 타기 위해 밀려드는 인파에 엄마는 자신의 의지와는 상관없이 지하철 안으로 밀려들어왔고, 김밥 꽁다리 자르듯 문이 닫혔다.

지하철이 출발하려는 순간, 밖에서 엄마를 찾으며 울고 있는 딸아이의 모습이 파노라마처럼 지나갔다. 엄마는 울부짖었지만, 소용없었다. 그것이 내가 목격한 '생존 중국'의 한 컷이었다.

그 모녀는 어떻게 되었을까. 만났을까 … 만났겠지 … 나는 그 역을 지나갈 때마다 그 모녀 생각에 혼자 중얼거리는 버릇이 생겼다.

2012년 1월. 베이징의 인구는 2천만 명을 넘어섰다.

중국 사회과학원에서 발표한 〈2011 사회건설청서〉(社会建设
藍皮书)에 따르면 제12차 경제개발 5개년 계획 기간 동안 베이
징의 인구는 매년 60만 명씩 증가하고 있으며, 적절한 통제를
취하지 않으면 2016년 베이징 인구는 2,260만 명에 달할 것이
라고 전망했다. 이 보고서는 또 시내 지역에 경제, 정치, 문화,
사회복지 시설 등이 밀집됨에 따라 수많은 인구가 베이징 시내
로 몰려들고 있다고 분석하며 정부 차원에서 순이(順义), 다싱
(大兴) 등 교외지역 재개발을 통해 시내 인구를 분산시키지 않
으면 교통대란 등 각종 사회문제를 야기할 수 있다고 경고했다.

도시인구가 농촌인구를 추월하다

2011년 12월 19일, 중국 역사상 기록할 만한 일이 일어났다.
최초로 도시인구가 농촌인구를 초월한 것이다.

모든 것은 임계점에 다다랐다.

사회과학원 사회학연구소 리페이린(李培林) 소장은 "이번 조
사결과는 수천 년간 농업사회가 주를 이어온 중국이 '도시화'
의 새로운 단계로 진입했음을 보여준다"며 "사람의 생활방식,
생산방식, 직업구조, 소비행위, 가치관 등 모든 면이 변했다"고
평가했다. 또 "도시화가 급격히 진행되면서 토지가격 상승이
경제성장과 재정수입의 주요 원천이 됐으며, 도시화에 수반된
공업화, 시장화가 중국의 사회변혁을 불러오는 주요 동력이 됐
다"고 덧붙였다.

하지만 복병이 있었다. 국가인구계획생육위원회(国家计生委, 이하 위원회)에서 9일 발표한 〈중국 유동인구 발전보고〉에 따르면 지난 3년간 중국의 유동인구 수가 매년 1천만 명씩 증가하면서 현재 중국의 유동인구 수는 2억 2,100만 명으로 늘어났다. 이는 전체 인구의 16.5%를 차지하는 수치다. 또한 중국에서 향후 10년간 1억 명의 농민이 도시로 이주함에 따라 도시인구가 2020년에는 8억 명을 넘어서며, 30년 내에는 3억 명의 농촌인구가 도시로 이주할 것으로 전망했다.

사회과학원 학부 루쉐이(陆学艺) 연구원은 "2050년 중국의 도시화 비율은 70~80% 이상 진행될 것으로 보인다"며 "매년 수천만 명의 인구가 도시로 유입될 것이다"고 전망했다.

베이징 부동산

2011년 2월 16일 베이징시 정부는 '베이징 부동산 규제 15개 세칙'(京十五条)을 발표했다. 부동산 시장의 과열을 막기 위해 베이징 시가 내놓은 결단이었다. 그동안 강도 높은 규제책들이 만들어졌지만, 유독 베이징의 부동산 가격만큼은 떨어질 줄 몰랐다. 부동산 시장의 과열을 억제하기 위해서 더 과감한 정책이 필요했다.

주요 골자는 우선 베이징 호적을 소지하지 않은 외지인이나 외국인은 앞으로 5년간 베이징에서 성실히 세금을 납부했다는 증명서를 지참해야 주택구매가 가능하다는 것. 그리고 또한 주택구매 제한도 강화됐다. 베이징 호적 소지자 중 1주택 보유자는 두 번째 주택구매만을 허용하며, 기존의 2주택 보유자와 1주택을 보유한 외지인 또는 외국인의 경우 주택구입이 금지됐다.

그렇다면, 베이징의 부동산 매매의 기준과 정책을 알아보자. 중국의 부동산은 크게 5가지의 종류가 있다. 내국인, 외국인 모두 구매 가능한 상품방, 정부가 땅값과 집값 두 가지를 제한하는 양한방, 서민들을 위해 시세보다 싸게 분양하는 경제적용방, 연소득 10만 위안(약 1,750만 원) 이하의 저소득층을 위한 공조방, 생계가 어려운 생활보호 대상자들을 위한 염조방 등이 그것이다.

먼저 상품방(商品房)의 경우, 내국인과 외국인에게 모두 가격이 동일하다(베이징의 경우 5환 이내의 아파트의 가격은 평균 3만 5천 위안/평방미터이다). 신축과 중고, 그리고 방의 개수에 따른 선납금과 대출금의 차이는 다음과 같다.

| 표 3 | 상품방의 선납금과 대출금 차이

신축	방 수	선납금	대출금
	1실	30%	70%
	예) 200만 위안	60만 위안	140만 위안
	2실	60%	40%
	3실	100%	0
중고	실거래 * 70% = 은행평가액 * 50% = 대출		
	예) 실거래가(200만 위안): 200만 * 70% = 140 * 50% = 70만 위안 대출가능		

| 표 4 | 경제적용방 신청기준과 내용

가족 수	연수입	1인당 평균면적	총재산
1인	2.27만 위안	10㎡	24만 위안
2인	3.63만 위안	10㎡	27만 위안
3인	4.53만 위안	10㎡	36만 위안
4인	5.29만 위안	10㎡	45만 위안
5인	6만 위안	10㎡	48만 위안

〈표 3〉에서 알 수 있듯이 신축보다 중고 아파트의 경우 대출받을 수 있는 돈이 적다. 그래서 많은 사람들이 신축 아파트를 더 많이 사려고 하고, 혹은 매매자끼리 실거래 가격을 더 높여서 신고해서 대출금을 더 많이 받기도 한다. 국가는 세금을 더 많이 받게 되니까 알면서도 모른 척한다.

두 번째는 정부가 두 가지, 즉 땅값과 분양가를 제한하는 양한방(两限房/限价房)의 경우, 반드시 베이징 호구가 있어야 신청할 수 있다. 3인 이상의 가족, 연수입 8.8만 위안(약 1,540만 원) 이하의 경우, 1인당 평균 15평방미터의 면적을 분양받을 수 있다.

세 번째 경제적용방(经济适用房)도 베이징 호구가 있어야 한다. 생계가 어려운 사람들을 대상으로 싸게 분양하는 것이기 때문에 만약에 소득이 자격기준보다 높아질 경우 국가가 다시 회수하는 것이 원칙이다. 평당 5천 위안/평방미터이며, 신청기준과 내용은 〈표 4〉와 같다.

공조방(公租房)은 생계가 어려운 생활보호 대상자들을 위해 마련된 주택이다. 안정적 직업을 가지고 있고, 연소득 10만 위안(약 1,750만 원)이하이면 신청 가능하다. 평균분양가는 4천 위안/평방미터로 주변시세보다 20~30% 싸다. 올해부터는 외지인도 입주할 수 있다. 하지만 매매는 할 수 없다.

생활보호 대상자들을 위한 주택에는 염조방(廉租房)이 있다. 춘절을 맞을 때면 중국 국가주석들이 연례행사처럼 찾아가는 아파트가 바로 이런 염조방이다.

규제책을 실시한 지 1년이 지난 2012년. 베이징 중위안(中原)부동산의 통계에 따르면 1년간 거래된 신규주택의 분양가는 1평방미터당 1만 9,955위안(350만 원)으로 전년 동기 대비 3.4% 하락했다. 2012년 1월 거래가 성사된 신규주택의 평균 집값도 1평방미터 1만 7,899위안(315만 5천 원)으로 2010년 12월의 2만 1,151위안(367만 5천 원)보다 15.4%, 2010년 1월의 2만 2,433위안(392만 원)보다 20.2% 하락했다.

거래량도 큰 폭으로 하락했다. 베이징 시 주택건설위원회에 따르면 1년 동안 베이징의 부동산 거래량은 모두 18만 1,775채로 전년도의 같은 기간 거래된 31만 4,375채보다 42.2%나 줄었다. 특히, 외지인의 주택구입 제한이 강화되면서 부동산 규제정책 시행 1년간 외지인이 구입한 주택은 6,500채로 전년도의 3만 2,200채보다 무려 83.9%나 줄었다.

전문가들은 "부동산 규제로 집값과 거래량이 지속적으로 하락세를 보일 것으로 전망돼 부동산개발업체와 중개업체의 자금난은 심해질 것이다"고 전망하고 있다.

하지만, 아직도 중국에는 부동산세(房産稅)와 상속세(遺産稅)가 없다. 상하이와 충칭시에서 시험적으로 적용되고 있을 뿐이다.

시진핑 정권이 반부패 개혁을 외치면서 특권층의 배만 불리는 부동산세에도 수술이 불가피해졌다. 상속세법 초안은 이미 만들어졌으나 기득권층의 저항에 부딪칠까 전전긍긍하고 있다는 후문도 있었으나 2013년 11월 18기 3중전회 안건에 상속세 도입이 포함됐다고 하니 지켜볼 일이다.

NOTE   부동산과 이혼의 상관관계

한 중국 사회학자가 제기한 부동산과 결혼의 상관관계는 흥미롭다. 그는 정부의 부동산 억제정책이 국민들의 일상생활, 특히 이혼에 상당한 영향을 미치고 있다고 주장했다.

실례로, 베이징의 이혼율이 2011년 둔화조짐을 드러냈는데 이는 주택가격과 상당한 연관성이 있다는 것이다. 주택가격이 과거 몇 년간 상승했을 때는 일부 별거하던 부부들이 이혼을 미루는 경향을 보였는데 그 이유가 부동산 가격이 더 오르기를 기다렸다가 더 높은 가격에 팔기 위해서라는 것이다.

그러나 작년 주택가격이 하락세로 치닫자 별거하던 부부들이 이혼을 미루는 또 다른 이유가 생겨났다고 한다. 그것은 바로 싼 가격에 집을 팔기 싫어서이라는 것이 그의 주장이다. 이로 인해 베이징시의 작년 이혼율 증가속도가 다른 도시와 비교했을 때, 둔화양상을 보이게 된 것이라는 분석이다.

하지만, 다른 시각도 있다. 중국정부의 부동산 규제책 때문에 결혼을 미루거나 이혼을 고려하는 커플이 늘어나고 있다는 것이다. 정부가 1가구 2주택 구입 시 계약금 비중을 높이고, 주택담보 대출금리를 기준금리보다 1.1배 높이는 내용의 대책을 내놓았기 때문이다.

심지어 주택구매 제한령으로 1가구당 다주택을 소유할 수 없는 부부를 상대로 '가짜이혼'을 권유하는 부동산 개발업체들도 공상당국에 적발되었다. 주택구매 제한이 세대기준이기 때문에, 부부가 남남이 된 뒤 구매하면 계약금 비중도 낮추고, 대출금리도 낮게 적용받을 수 있기 때문이다.

딩즈후

그대

나를 거칠게 밀어붙이지 마라.

귓가에 달콤하게 속삭이지도 마라.

나는 그대 심장 한복판에 박혀

피 철철 흐르게 하는

박힌 못

그대의 혈관을 뚫고 들어가

뇌관까지 부식시키는

녹슨 못

하지만,

불도저 같은 아침이

어둠을 밀고 사라지면

나 역시 철거돼야 할

도시의 녹슨 별

딩즈후(釘子户)는 토지수용 불복 세대,
혹은 가구를 말한다.

도시의 녹슨 못 ─ 딩즈후

최후의 딩즈후

'딩즈후'(釘子戶)란 도시재개발 과정에서 당국의 이주명령에 불복해 남아 있는 가구이다. 우리말로 하면 '못 세대'(가구)이다. 이들을 '못'이라고 부르는 데는 상징적 의미가 함축돼 있다.

이 딩즈후라는 단어는 그 외형적 모습에서 유래되었다. 주변은 다 개발됐는데도 혼자 남아 있는 모습이 마치 못과 같은 모양이었고, 또 못처럼 박혀 붙박이처럼 움직이지 않으니 그 역시 의미가 상통한다. 또, 철거분쟁이 격렬해지고, 중국의 일부 지방정부가 부동산 개발로 인한 강제철거를 시작하면서 이 '딩즈후'는 쌍방의 이해관계가 첨예하게 대립되는 날카로운 흉기, 못으로 변해갔다. 한낱 도시의 흉물, 도시개발의 걸림돌로 불리는 그것이지만, 일약 스타덤에 오른 딩즈후도 있었다.

2007년 3월, 중국 충칭시 한 건축공터. 20m 가까운 깊이로 파인 커다란 구덩이 안에 봉우리처럼 높이 서 있는 집 한 채. 고집스럽게 홀로 남아 있는 이 '딩즈후' 사진은 삽시간에 전국으로 퍼졌고, 중국에서 '가장 인기 있는 딩즈후'가 됐다.

하지만, 머지않아 충칭시 주룽 포구의 부동산 관리국은 이

위 / 역사상 가장 인기 있었던
딩즈후. 법원의 강제철거 명령으로
사라졌다.

아래 / 이 딩즈후에 살던 우핑은
외출도 삼가고, 어렵게 생활하면서
충칭 정부와 맞서 버텼다.

가옥이 "도시 이미지를 심각하게 훼손시켰다"는 이유로, 가옥 소유자인 우핑(吳苹)에게 수시일 내에 이사하라는 통지를 하달했다. 주인인 우핑은 강력하게 저항했지만, 충칭시 법원은 끝내 이 강제철거 명령을 내렸다. 스타덤에 올랐던 소신 있는 '딩즈후'는 그렇게 개발의 바람 속에 묻혔다.

피(血)의 철거

딩즈후는 중국정부의 가슴에 박힌 '녹슨 못'이다. 뽑아내려 하나 쉽지 않다. 고통은 필연이다. 재개발을 둘러싼 주민과 개발세력의 갈등은 한 치의 물러섬도 없다.

2009년 11월 13일.

쓰촨성 청두시의 한 주택에 30여 명의 철거반원이 들이닥쳤다. 포크레인을 앞세우고 망치와 방패로 무장한 이들은 막무가내로 집안으로 쳐들어와서 철거를 시작했다. 가족들은 친인척까지 불러 저항했다. 철거반과 딩즈후 사이에 격렬한 난투극이 벌어졌다. 이를 보다 못한 부인 탕푸전(唐福珍, 47세)은 옥상으로 올라갔다. 그녀는 준비해간 석유통을 천천히 자신의 몸에 뿌리고 불을 붙였다. 그녀는 곧바로 병원으로 옮겨졌으나 결국 숨을 거뒀다.

사건 발생 후 경찰은 탕푸전의 가족과 친척 10여 명을 공무집행 방해혐의로 구속했다. 청두시 당국은 탕푸전의 죽음을 철거반원들에 폭력을 앞세워 불법 저항한 탓으로 돌렸다. 그러나 가족들은 "무장한 철거반원들에게 무차별하게 구타당했다"

위 / 베이징 '최후의 딩즈후'.
도로가 나고도 3년 동안 이주하지 않다가 2011년 말에 강제 철거됐다. 얼마의 보상금을 받았는지는 공개되지 않았다.

아래 / 철거반원들의 철거현장.
호구가 없는 사람은 보상조차 받을 길이 없다.

생전의 탕푸전. 그녀가 남긴 마지막
말은 가장 예쁜 사진을 골라 영정사진을
해 달라는 것이었다.

출처: 南都网

탕푸전의 분신과정과 응급실에서의 모습

면서 이를 참지 못한 탕푸전이 분신자살을 기도했다고 말했다. 그들은 심지어 탕푸전이 "철거반원이 철수하면 대화할 수 있다"고 제안했으나 거절당했다면서, 그녀의 죽음은 공권력에 의한 학살이라고 주장했다.

탕푸전의 분신이 중국 관영방송인 CCTV로 방영되면서 온 중국이 충격에 휩싸였다. 네티즌은 분개했고, 연일 '탕푸전의 분신을 부추기고 방조한 철거반원들을 처벌하라'는 목소리가 높았다. 하지만, 청두시는 강제철거의 책임을 물어 구청 도시관리국장을 면직시킴으로써 사건을 종결지었다.

한 달 뒤, 수도 베이징에서도 강제철거에 항의하는 남성이 분신을 시도했다. 베이춘의 시신주라는 남자였다. 다행히 목숨은 건졌지만, 중상이었다.

2011년 4월에는 강제철거에 항의해 분신자살을 기도한 농민 부자가 식물인간이 되는 참사도 일어났다. 중국 후난성 주저우(株洲)에서는 농민 왕자정 씨(58세)와 아들 왕훙위 군이 자택 지붕 위에서 온몸에 불을 붙인 채 아래로 굴러내려 현재 의식불명 상태이다.

신문에 따르면 피해자 왕 씨의 딸 왕하이옌 양은 당시 상황을 설명하면서 "당일 새벽 5시경 아직 취침중이었는데, 100~200명의 철거반원들이 들이닥쳐 모친, 올케를 집 밖으로 강제로 끌어냈다. 8개월 된 조카는 맨땅에 버려져 울고 있었다"고 전했다.

그녀는 이어 "당일 집안에서 잠을 청하지 못하고 밖에 있던 부친과 동생 왕훙위는 상황을 인지한 뒤 함께 지붕 위로 올라갔으며, 부친이 일찌감치 준비해 두었던 휘발유를 꺼냈다"고 말했다.

"철거반원들의 행동이 그래도 멈추지 않자 분신자살이 기도되었던 것"이라고 강조한 왕하이옌 양은 "부친께서는 굴착기가 집을 파헤치고 있는 상태에서 분신을 하게 되신 것"이라고 밝혔다. 왕 씨 부자가 입원 중인 현지 병원은 신문에서 "환자의 화상 면적이 70~80%에 달하고 폐, 간, 비장 부위가 크게 훼손되었다"며 "여러 부위도 골절되어 생명을 담보할 수 없는 상황이다. 산소마스크에 기대어 생존하고 있지만 목숨을 부지한다 해도 식물인간이 될 수밖에 없다"고 했다.

중국 후난성 현지에서는 직업교육도시 건설공정이 개시되면서 지역의 도합 194개 가구가 이같이 강제철거되는 과정에 서 일어난 참사였다. 강제철거 공정으로 비롯된 농민부자의 분신 참사에 대해 취재기자가 추궁하자 중국 현지 주저우 시 공안국에서는 "회의 중이다"라며 전화를 끊어 버렸다고 〈신경보〉는 전했다.

수영 세계선수권 우승자 중국인 부부인 천빈(陳斌)과 주바오전(朱寶珍)도 금메달을 목에 건 채 '(딩즈후들의) 권리를 보호하라'고 적힌 푯말을 들고 주택 강제철거에 항의하는 모습이 언론 카메라에 잡혀 사회에 반향을 일으키기도 했다.

피(血)의 지도

중국은 지난 30년간 빠른 경제성장과 함께 급속한 도시화를 이뤄냈다. 개혁개방 이후, 최근 10년 동안 매년 평균 1.35%의 속도로 도시화가 진행되던 중국은 지난 2011년 12월 19일, 최초로 도시인구가 농촌인구를 초월하는 역사적 사건이 일어났다. 2010년에 실시된 제 6차 전국 인구조사에서 중국 도시인구의 비중이 49.68%로 거의 절반에 육박하는 수준까지 치달은 것이다.

인구가 도시로 대거 유입되면서 중국 각 지방정부에서도 도시 경계를 넓히거나 기존 도시구역의 재개발 사업을 벌이고 있다. 철거는 필수조건이었다. 세수확대를 노리는 지방정부는 경매를 통해 대대적으로 토지를 개발업체에 양도하고, 토지를 양도받은 개발업체는 지방 정부의 묵인하에 가옥을 강제철거하고 그 위에 아파트나 상가, 고층빌딩을 새로 지었다.

한 통계에 따르면 지난 2009년 중국정부가 거둬들인 토지양도 수익은 총 1조 4,239억 위안. 이 가운데 다시 철거와 토지보상으로 나가는 비용이 5,180억 위안, 도시화 건설에 3,341억 위안, 그리고 토지개발에 1,430억 위안이 쓰였다. 토지양도로 벌어들인 수익은 또다시 토지를 사들이고 건설하는 데 쓰고 있으니 결국 중국 각 지방정부가 토지개발을 위한 강제철거를 부추기는 꼴이 된 셈이다.

도시개발 과정에서 토지보상과 이주비용을 둘러싼 철거민들과의 갈등은 어느 나라에서도 있는 일이다. 하지만, 유독 중국에서의 갈등이 식지 않는 이유가 있다.

중국의 '도시주택 철거 관리조례'는 전 세계에서도 악명이 높다. 철거민이 이주를 거부해도, 부동산 개발업자들은 강제철거를 강행할 권리가 있을 뿐 아니라, 먼저 집을 철거한 뒤 나중에 보상할 수 있다. 또, 이 조례는 철거민에 대한 보상을 철거업체에 맡김으로써 국가나 정부에 책임을 묻지 못하도록 했고,

출처: 万家热线

출처: 南方都市报

중국 예술가 장챠오쥔(张朝晖) 작품 1
〈딩즈후〉 정면과 측면

철거와 관련된 보상을 민사소송의 범위에서만 다루도록 하고
있다. 이에 따라 지방정부와 결탁된 개발업자들은 공권력의 비
호하에 일부러 보상비를 낮추고, 제멋대로 강제철거에 나서면
서 주민들의 저항은 날로 거세지고 있는 것이다.

딩즈후와 물권법

그것은 거대한 사건이었다.

2007년 3월 16일 '물권법'(物權法)이 탄생했다. 신중국이 건설되고, 중국에서 법이 만들어진 이래 최고의 사건이었을 것이다. 사회주의 노선을 걸어온 중국이 '사유재산'을 인정하겠다는 뜻이기 때문이다. 이 물권법의 원칙도 개인의 재산을 평등하게 보장해 준다는 것이다.

그렇다면 이 '물권법'이 존재함에도 불구하고, 왜 수많은 딩즈후들은 개인의 재산을 보상받지 못한 채 강제 철거되고 있는가. '최후의 딩즈후'의 사례로 돌아가 보자.

이 철거분쟁 소재지인 충칭시 주룽 포구의 부동산 관리국은 이 가옥이 '도시 이미지를 심각하게 훼손시켰다'는 이유로 가옥 소유자인 우핑에게 기한 내에 이사하라는 통지를 하달했다. 하지만 이 딩즈후는 재산권 증서와 국토증서를 가지고 있었다. 사유재산은 신성불가침이니 이 재산권 증서를 기초로 같은 크기의 가옥을 보상해 달라고 우핑은 끝까지 맞섰다. 하지만 결국 충칭시 주룽 포구 법원에 의해 강제 철거됐다. 법원의 판결문에 따르면 우핑 여사의 행위가 '국가이익, 공공이익 또는 타인의 합법적 권익에 큰 손실을 끼쳤다는 것'이었다.

여기서 우리는 다시 되물을 수밖에 없다. 그렇다면, '물권법'은 무엇인가. 이 판결로 물권법 초안에 허점이 있다는 문제제기를 하게 된다. 이 법률에는 '공공이익'의 함의에 대한 규정이 분명치 않다. 가옥 소유자 소재지에서는 상업성의 개발작업이 진행중이었는데 그렇다면 지방정부와 법원은 이러한 상업적 프로젝트를 공공이익의 표준으로 보았다는 것이다. 이 중국 최고의 인기 딩즈후는 입법기구에 경종을 울려 주었고, 무엇이 분명한 '공공이익'인지를 보여주었다. 이 문제가 정확히 판가름될 때 비로소 '물권법'이 규정한 사유재산의 보호가 공허한 문서로 변하지 않을 것이다.

충칭시에서 발생한 딩즈후 사건은 중국인들이 사유재산을 지켜내기 위한 눈물겨운 노력에서 일어난 전형적 사건이라고 한 네티즌이 말했다.

'딩즈'(못)가 되는 것은 중국인으로서의 하나의 권리이며, '딩즈후 정신'이야말로 중국인들의 사유재산 보호의 계몽사례가 될 것이라고.

강제철거에 항거에 분신을 시도하려는여인.

수영 세계선수권 우승자 부부인 천빈과 주바오전도 금메달을 목에 걸고 딩즈후들의 권리보호를 외치며 시위하고 있다.

NOTE 내 기억 속의 신기루

중국에 살면서 나의 가장 큰 즐거움은 걷는 일이었다. 화려한 베이징 도심의 뒷골목으로 들어가면 그곳엔 오래된 베이징의 원형이 남아 있다. 거리의 이발사, 전족의 할머니, '이주노동자' 농민공들의 남루한 삶의 모습들 ….

나는 베이징이 주는 그 어떤 아름다운 풍경보다도 그들의 삶을 엿보는 것이 좋았다. 시간 날 때마다 몇 시간씩 그 후퉁(胡同: 중국의 수도 베이징의 구 성내를 중심으로 산재한 좁은 골목길을 일컫는 말) 골목을 걷고 또 걸었다. 하지만, 이 즐거움은 오래가지 않았다.

올림픽을 앞둔 2007년, 베이징은 거대한 공사장으로 변했다.

중국에도 우리나라 달동네와 같이 빈곤층이 모여 사는 이른바 '청중춘' (城中村: 도시 속의 농촌)이 있는데 이러한 빈곤층 밀집지역이 도시개발의 집중대상이 되고 있다.

이곳의 가난한 주민들은 그나마 살던 집도 잃고 정부로부터 받은 쥐꼬리만 한 보상비로는 다른 곳으로 이주할 수도 없는 경우가 대부분이다. 심지어 해당 도시 호구가 없는 주민들은 가옥이 강제로 철거당하면 아무런 보상도 받지 못하니 분신자살까지 서슴지 않으며 정부의 강제철거에 반기를 드는 것이다.

이러한 정부의 '강제철거'를 두고 중국 네티즌들은 주민들이 피를 부른다는 뜻으로 '피의 철거'(血拆)라고 말한다. 강제철거에 따른 폭력사태로 주민들이 사망하거나 부상당한 사건이 발생한 곳을 표시한 '피의 주택지도' (血房地圖)를 인터넷에 올려 철거민의 희생으로 지어진 집을 사지 말자는 '강제 불매'운동을 벌여 커다란 호응을 얻기도 했다.

그곳들도 하나둘 사라지기 시작했다. 알고 지내던 중국 농민공 친구들의 집도 헐렸다. 올림픽을 앞두고 대부분이 철거된 것이라고 했다. 2007년 한

위 왼쪽 / '쑨이'(順義)의 공장에서 직송된
신선한 고기라는 간판이 붙어 있는 정육점.
위 오른쪽 / 베이징 차오양구의 한 무허가촌.
맹렬히 옥죄어오는 아파트 건설붐에 철거됐다.

아래 왼쪽 / 허난 사람들이 모여 살던 베이징의
집성촌. 허난의 휘이면(烩面), 자전거포, 열쇠가게
등이 보인다. 지금은 모두 철거됐다.
아래 오른쪽 / 토종닭, 돼지 뒷다리, 삼겹살을
전문으로 판다는 정육점.

해 동안 신기루처럼 사라져 버린다는 그들의 삶의 터전을 헤집고 다녔다.

신문지에 고기토막을 싸서 주던 작은 정육점, 노인들이 뜨개질을 하며 앉아 수다를 떨던 양지녘, 바리깡으로 아이의 떡 진 머리를 밀다가 나를 보고 웃어 주던 거리의 이발사 아저씨, 나의 신발밑창을 붙여주던 신기료 장수 아저씨 ….

하지만, 어느 날부터 불도저가 그들의 삶의 터전을 밀어내기 시작했다. 베이징은 365일 공사중이었다. 그들은 그렇게 사라졌다. 아주 가끔씩 그 맹렬히 밀어붙여대는 불도저 사이로 이주하지 않는 주민들이 살고 있는 것이 목격되기도 했다. 그들은 더 이상 물러설 곳도, 갈 곳도 없다고 했다. 이곳에서 떠나라고 하면 그것은 우리를 벼랑으로 몰아붙이는 것이라고도 했다.

중국에서는 이들을 딩즈후라고 한다. 못처럼 박혀 움직이지 않는다는 의미와 나중에 개발되더라도 그곳에 못처럼 튀어나와 있다는 뜻이 함축돼 있는 말이다.

문득 지금도 그곳을 걸으면 신기루처럼 골목이 보이고, 그 사이로 사람들이 걸어 나오는 환상을 본다.

궁금하다. 그들은 지금 다 어디로 갔을까 … .

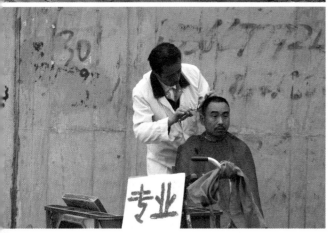

위 왼쪽/ 베이징 아파트 뒤편에는 숨겨진
삶의 무대처럼 이런 무허가촌이 들어서 있다.
위 오른쪽 / '萬家福' 슈퍼마켓. 판매대에
놓인 작업화들이 인상적이다.

아래 왼쪽 / 길거리 이발사. 가위와 보자기
하나면 어디든 훌륭한 이발소가 된다.
아래 오른쪽 / 당구대 한 대 놓으면 거리 어디든
훌륭한 당구장이 된다. 고단한 삶 속에서도
농민공들 표정은 밝다.

2

다큐멘터리

Documentary

중국이라는 광활한 벌판으로 나를 끌어당겨준 운명과
그 길 위에서 만난 인연들에 고마움을 전한다.…

Pín

我要上學
尊敬的各位叔叔阿姨
们您们好！
我叫宋丹丹 今年八岁是
昆明市福华学校一年级
〈二〉班的学生，因为我家里经
济非常困难，我要上学
求各位好心人帮
谢谢
好人一

학교에 가고 싶어요

존경하는 아저씨, 아줌마 여러분.

저는 올해 8살의 쏭단단(宋丹丹)이라고 합니다.

쿤밍시 푸화 초등학교 1학년 2반에 다니고 있습니다.

제가 길거리로 나온 이유는

저의 집안형편이 극도로 어려워져 공부를 하고 싶어도

학교에 다닐 수 없기 때문입니다.

바라옵건대

마음씨 좋은 아줌마 아저씨

조금만 저를 도와주십시오.

저는 학교에 다니고 싶습니다.

고맙습니다.

― 아이가 학비를 구걸하며 쓴 글

교실 밖 아이들

《교량》 제1과

중국어를 배워 본 사람이라면 알 것이다. 중급에서 고급과정으로 올라갈 때 반드시 배우게 되는 《교량: 상》(橋梁: 上)이라는 교재를. 이 책의 '제1과'에서 중국어문의 아름다운 문장을 만나게 된다. 그 글의 처음은 베이징의 한 대학생이 징강산(井岡山)에 사는 산골 소년으로부터 편지 한 통을 받는 이야기에서 시작된다.

나는 감동에 떨리는 손으로 소포를 힘껏 뜯었다. 그 바람에 해바라기씨가 땅바닥에 흩어졌다. 어찌해야 할 바를 몰랐고, 마음은 아팠고, 시야는 흐려졌다. 사람들은 종종 "남자는 쉽게 눈물을 흘려서는 안 된다"고 말한다. 그러나 지금 나는 나 자신을 억누를 수가 없다. 소포 위에 삐뚤삐뚤 써 있는 글자는 마치 춤을 추며 나에게 이야기하는 것 같았다. '두메산골에 있는 많은 아이들이 공부를 하고 싶어하고, 글자를 배우고 싶어한다'라고 …

그들은 자신의 부모님들에게 이렇게 간청했다고 한다.

"남동생도 함께 제가 학교에 데리고 갈게요. 반드시 밭일을 다 마치고 학교에 갈게요. 방과후에는 물도 져 나르고, 땔감도 모아 올게요. 쉬는 날에도 집안일을 게을리하지 않을게요. 그러니, 제발, 학교에 다니게 해 주세요.…"

6개월 전, 내가 베이징의 한 골목에서 '희망공정'이라는 글자가 쓰인 편지를 받았던 그때, 어쩌면 너와 나는 서로 알게 될 운명이었는지 모른다. 사실, 지금까지 나는 단지 장쑤성 징강산 두메산골에 살며, 집이 가난하여 어쩔 수 없이 세 차례나 학업을 중단하고, 자주 책가방을 보면서 눈물을 흘리는 11살짜리 소년 황즈챵(黃志强)이라는 이름만 알고 있다. 즈챵(志强), 얼마나 좋은 이름인가! 너의 이름처럼 나는 매 학기마다 너에게 학비 보내는 일을 멈추지 않을 것이다. 비록 나 역시 가난한 대학생이지만 말이다. 내가 보낸 돈을 받은 후, 너는 답장을 보냈었다. 편지 속에는 감사의 말 대신 단 여섯 글자가 적혀 있었다.

"아저씨, 저 입학했어요."

이 여섯 글자는 마치 나를 불처럼 타오르게 했고, 반복해서 읽고 또 읽게 했다. 나는 어떤 강한 느낌을 받았는데 아마도 그것은 일종의 책임감이었을 것이다.

몇 개월 후, 너에게선 어떠한 소식도 없었다. 마음이 매우 불안했고 집에 무슨 일이 생긴 것은 아닌지, 또 학교를 다니지 못하는 것인지 조바심이 났다. 수업이 끝난 후, 나는 늘 우체국으로 뛰어가 너의 편지가 있는지 살펴보았다. 오늘 마침내 기다리던 너의 편지와 그리고 해바라기씨 한 봉지가 도착했다. 나는 급히 편지를 열었다.

"아저씨, 저 기말고사 평균성적이 99점이에요. 아저씨가 보내준 30위안(현재는 우리 돈 5,250원이지만, 글을 쓰고 있었던 당시로는 5만 원 정도의 가치)을 받고 울었어요. 내가 어떻게 보답을 해야 할까요? 저는 아저씨에게 보낼 수 있는 좋은 물건이 없어요. 고구마 몇 개를 보내고 싶어서 50리 산길을 걸어서 마을에 있는 우체국에 갔는데 보낼 수가 없었어요(고구마의 무게 때문에 우편료가 많이 나와서였을 것이다). 나중에 좋은 방법이 생각났어요. 정원에 몇 개의 해바라기를 심는 거예요. (해바라기는 무게가 덜 나가므로) 매일 물을 주고, 잡초를 뽑아 주고, 벌레를 잡고 매일매일 가꿔 주고, 빨리 자라게 해 달라고 매일 간절히 빌면 마침내 수확할 수 있어요. 나는 또 우체국으로 달려가서 그것을 부쳤어요. 전번과는 달리 이번에 우체국 아줌마는 그것을 보낼 수 있게 해 주었고, 우편료도 받질 않았어요. 아저씨, 아줌마가 왜 그러셨는지 아세요? … "

편지를 다 읽지 않았는데 나의 눈물은 이미 편지를 다 적시었다. 나는 마치 땅에 가득한 해바라기가 이미 커서 하나의 숲을

出处: http://www.nipic.com/psd/zhuanti/616691.html

이루고 있는 것을 보는 것 같았다. 그것은 징강산의 거대한 해바라기 숲이었다.

이 대학생은 그 소년이야말로 자신의 '희망'이라며 편지를 매듭짓는다. 학교에 가고 싶어 책가방을 보며 우는 산골소년, 그리고 그 소년에게 용돈을 아껴 매달 30위안을 보내는 베이징의 가난한 대학생. 지금 읽어도 코끝이 시큰해져 오는 문장이다. 그리고, 나는 이 문장을 통해 중국어의 아름다움을 처음으로 느꼈다. 그리고 〈희망공정〉이라는 말도.

사진 한 장의 힘

〈희망공정〉(希望工程)은 빈곤지역의 학교에 다닐 수 없는 청소년들을 위해 만들어진 민간주도의 공익사업이다. 1989년 10월, 청소년발전기금회와 중국정부가 함께 손을 잡았다.

1978년 개혁개방과 동시에 중국의 경제는 눈부시게 발전했지만, 동시에 지역 간 빈부격차도 날로 심각해졌다. 하지만 교육예산이 부족했던 정부로서는 이들 빈곤지역의 학생들에게 일일이 도움의 손길을 줄 수 없는 형편이었다. 하여, 실학아동들을 학교교실로 돌아오게 하는 일은 요원해 보였다.

정부차원이 아닌 민간주도의 공익사업으로 중국 국내외 자금을 동원해서 〈희망공정〉 자금을 마련하고, 빈곤지역에 '희망초등학교'를 설립해서 열악한 교육환경을 개선하며, 9년제 의무교육 보급의 과업을 이루겠다는 〈희망공정〉의 뜻은 원대했

사진 : 씨에하이룽

사진 : 씨에하이룽

위 / 〈희망공정〉의 성금물결에
도화선이 된 사진 '눈이 큰 아이'

아래 / '작은 빡빡머리'라는
불렸던 장톈이. 당시 그는
가난한 허난성의 초등학생이었다.

지만, 시작은 그리 신통치 않았다.

그러던 어느 날, 〈희망공정〉의 운명이 바뀌었다.

사진 한 장의 힘이었다.

1991년. 베이징 숭원구 문화관의 평범한 직원이었던 씨에하
이룽(谢海龙)은 우연한 기회에 〈희망공정〉의 자원봉사자가 됐
다. 중국 사진작가협회 회원이기도 했던 그는 1년 동안 중국
12개 성의 28개 시와 현을 누비며 100여 개의 학교를 찾아다
녔다. 〈희망공정〉 사업의 포스터로 쓸 사진을 찍기 위해서였다.

학교에 다니기 위해 백 리를 걸어 다니는 아이들, 산을 넘고
절벽을 넘어 학교에 오는 오지의 아이들, 비료포대에 너덜해진

해진 팔꿈치엔 구멍이
났지만, 열심히 글을 따라
읽는 코흘리개 소년

책을 넣고 공책과 연필조차 사치인 아이들의 이야기와 표정들
을 그는 카메라에 담았다.

이듬해, 그는 베이징과 타이베이, 홍콩에서 사진 전시회를
열었다. 사람들의 발길은 큰 눈망울로 무엇인가를 갈망하는 한
아이의 사진에 멈추었다. '눈이 큰 아이'(大眼鏡)이라는 제목의
이 사진에는 '나는 학교에 가고 싶어요'라는 글귀가 적혀 있었
다. 전시회가 끝나기도 전에 믿기지 않는 일이 벌어졌다. 이 사
진 한 장에 감동을 받은 사람들이 '희망공정'에 기부금을 내기
시작한 것이었다. 성금의 물결은 몇 년 동안 계속 이어졌다.

결국, 이 사진들이 〈희망공정〉의 상징이 됐다.

1989년에 실시된 이후, 15년 동안 접수된 성금만 약 23억 위안(약 4조 140억 원)에 달하고 이 성금으로 지금까지 250만여 명의 빈곤지역 학생들을 교실로 돌아오게 했다. 뿐만 아니라, 1만여 개의 '희망초등학교'를 건립했다. 이로써 중국의 농촌지역 및 빈곤지역의 청소년 교육문제는 큰 폭으로 해결되었으며 청소년 실학비율도 점차 하강하는 추세를 보이고 있다.

통계자료에 따르면 도시시민 중 대다수가 〈희망공정〉을 알고 있으며 그중 과반수의 시민들이 각종 방식으로 〈희망공정〉에 성금을 낸 적이 있다고 한다.

〈희망공정〉에 기금을 내면, 대개 기부자는 아동이 학교에 복학한 이후에도 지속적으로 연락하며 아동들의 원활한 학교생활을 돕는다. 실학아동이 기부금을 받은 후에 기부자에게 감사의 편지를 보내고 성적을 보고하는 것도 의무사항으로 정하고 있다. 이는 제도적으로 규정하는 의무사항이기 때문에 대부분의 아동들은 기부자들과 연락을 하며 지낸다.

이렇게 〈희망공정〉은 중국 역사상 가장 영향력 있는 공익사업으로 자리잡았다. 〈희망공정〉의 명칭도 국제적으로 빈곤지역 실학아동 구제활동의 대명사로 널리 알려지게 되었다.

NOTE 〈희망공정〉, 그 후 20년

1991년, 안후이성 진짜이(金寨)현 장완(張灣)촌.

이 마을의 가난한 농부의 딸로 태어난 눈이 큰 아이 쑤밍쥐엔(蘇明娟)은 여느 농촌아이들처럼 누에치고, 돼지 기르고, 밭가는 일이 인생의 전부였던 아이였다. 그날 쑤밍쥐엔은 집안일을 끝내고 학교에 가기 위해 마을의 징검다리를 건너고 있었다.

바로 그때 그 마을을 지나던 사진작가 씨에하이롱은 그 아이의 천진무구한 눈망울을 보고는 무작정 아이를 쫓아갔다. 마침내 교실 안까지 들어간 그는 쑤밍쥐엔의 운명을 바꾸어 놓을 운명의 사진을 찍게 된다. 그리고 그 사건으로 그녀는 〈희망공정〉의 대명사가 되었다.

세월이 흘렀고 그녀는 베이징대학 박사과정까지 마쳤다. 그리고 현재 안후이성 허페이(合肥)의 은행원이 되었다.

같은 해, 허난성 씬(新)현의 왕리허(王里河)초등학교의 낡은 교실. 땟국물 흐르는 얼굴로, 그러나 표정만은 그 누구보다 진지했던 아이, 작은 빡빡머리로 불렸던 장톈이(張天義)는 이제 건장한 청년으로 성장했다. 빡빡머리는 더벅머리로 변했다. 그는 장쑤성에 있는 한 공업학원을 졸업한 뒤, 기업에 취직한 것으로 알려졌다.

마지막으로 유년시절의 교실에 앉아 있었던 코흘리개 아이. 그는 어떻게 됐을까? '코흘리개'라는 이름으로 불렸던 후산후이(胡善輝)는 당시 허베이성 홍안(弘安)현 저우치지아(周七家)초등학교 학생이었다. 사진의 배경은 소나기가 온 뒤의 진흙탕으로 변한 교실. 옷은 해어져 팔꿈치엔 구멍이 났지만, 열심히 무언가를 따라 읽는 모습이 마음을 짠하게 했던 사진의 주인공이었다. 그 사진 속 코흘리개 소년 후산후이는 산둥성 지난(濟南)에 있는 후방 병참부대의 군인으로 근무하고 있다.

만약 그날, 이 세 아이가 사진작가 씨에하이롱을 만나지 않았다면, 그들

위 / '빡빡머리 아이'는 모 기업에 취직해 일하고 있다.
아래 / 〈희망공정〉을 중국 역사상 가장 성공한 모금운동으로 만든 세 주역들. 이 사진 한 장이 그들의 운명도 바꿔 놓았다.

위 / 은행원이 된 '눈이 큰 아이'.
아래 / 늠름한 군인이 된 '코흘리개' 소년

의 운명은 어떻게 되었을까. 그들의 부모들처럼 농부가 되었을까? 대부분의 농촌의 아이들이 그러하듯 겨우 초등학교를 졸업하고 대도시로 나와 농민공 신세가 돼서 공장 노동자가 되진 않았을까? 인생의 길은 하나밖에 걸을 수 없기에 가정은 그저 상상으로만 남는다.

희망공정의 후유증

양지가 있으면 음지도 있다.

희망공정의 성공과 주인공들의 성공은 수많은 가난한 아이들에게 로망이 됐다. 아이들은 이제 길거리에 나앉고 있다. '공부를 하고 싶다'고 호소하면 중국사람들의 마음이 약해진다는 것을 아이들은 잘 안다. 길거리를 걷다 보면 이런 아이들을 자주 만나게 된다. 언젠가 딱해 보이는 아이에게 돈을 주려 하자 중국인 친구가 말렸다.

"저 아이들을 이용해서 돈을 버는 조직이 있어. 네가 돈을 자꾸 주면 저 아이들은 영원히 저렇게 길거리에서 구걸만 하고 영영 학교로 돌아갈 수 없을지도 몰라."

결핍에 대하여

사진 : 씨에하이룽

출처: http://www.hudong.com/

중국의 교육제도

가끔 시장경제와 자본주의체제인 우리나라가 더 사회주의 같고, 사회주의를 표방하는 중국이 더 자본주의적이라는 생각이 들 때가 있다. 우리나라는 교육, 의료 부문에서 평준화되고 있는 반면, 중국은 점점 돈에 의해 이러한 제도가 차등 적용되는 불평등한 사회가 되고 있다. 특히, 음식, 의료와 더불어 교육의 자본화는 상상을 초월한다.

중국의 교육제도의 기본적 틀을 통해 중국의 교육구조를 살펴보자.

중국의 영·유아원(亲子班)은 1세 이상이면 연령제한 없이 누구나 다닐 수 있다. 대부분 집 근처의 사설 놀이방 수준이다. 일반적으로 통학차가 없어서 부모가 데리고 가야 하는데 1회에 100위안(약 17,500원)을 내야 한다. 그러나, 최근 신흥부유층들이 늘어남에 따라 사립 고급 영·유아원이 급속히 늘어나고 있다. 명문대학 졸업생을 교사로 초빙하고, 말을 배우기 시작할 때부터 영어를 가르치기도 한다. 부모의 재력에 따라 교육의 등급화가 시작되는 것이다.

유치원(幼儿园)은 4가지의 종류가 있다.

첫 번째 공립유치원(教育部门主班)은 원비가 월 700위안(약

12만 원)으로 가장 싸다. 반드시 그 지역의 호구가 있어야 입학할 수 있다. 살고 있는 지역의 가장 가까운 곳에 있는 유치원에 신청해야 하며 다른 지역의 유치원을 선택할 경우 임시거주비(斩住费)를 내야 한다. 유치원의 숫자가 적기 때문에 늘 경쟁이 치열해서 불법이지만, 유치원 원장의 권한에 따라 임시거주비 받는 경우가 많다. 베이징 차오양구의 경우 임시거주비는 3만~10만 위안(약 525만~1,750만 원)이다.

두 번째는 직장부설 유치원(企事业机关班)이다. 이는 반드시 부모가 그 직장에 다녀야 입학할 수 있다. 세 번째는 마을단위로 공익성을 목적으로 만들어진 유치원(街道乡镇班)이 있다.

그리고, 네 번째로 유치원 가운데 가장 많은 사립유치원(社会力量班)이다. 그동안 우후죽순으로 늘어나는 사립유치원들은 환경도 열악하고, 미자격 교사들이 많아서 사회문제가 되었다. 그래서 2011년 5월 1일부터 유치원 개원에 따른 법을 개정했다. 원장은 반드시 그 지역의 호구가 있어야 하고, 건물은 3층 이하이며, 교사가 3명 이상이어야 개원할 수 있게 했다.

중국도 우리나라처럼 초등학교부터 중학교까지 의무교육이다. 1986년 '의무교육법'이 제정됐다.

중국의 초등학교는 철저히 학군제이다. 입학대상인 어린이들은 호구에 따라 학교가 정해진다. '한 가구 한 자녀 정책'이 실시되는 중국답게 교육열은 우리나라 못지않게 과열되어 있다. 명문 초등학교에 입학하기 위해 학부모들은 수단과 방법을 가리지 않고 아이의 호구를 옮긴다. 도로 하나를 사이에 두고 명문학교에 입학할 수 있는 번지수의 아파트가 50% 이상 비싼 기현상도 이 때문이다.

과거에는 도시 호구가 없는 외지인들이 대도시에서 학교를 다닐 수 없었다. 9억 명 이상의 외지인이 대도시에서 생활하는 현실에서 불만이 터져 나올 수밖에 없다. 결국, 2009년 법이 개정됐다. 임시거주증(斩住證)과 부모가 안정적 직장에 다니고 있다는 증명서(工作證), 고향에서 아이를 돌볼 사람이 없다는 증명서가 있으면 외지인도 거주지 근처의 초등학교와 중학교에서 공부를 할 수 있게 됐다. 하지만, 문제는 경쟁이다. 이른바 중점학교라고 불리는 명문학교의 경우 그 지역의 호구가 있는 학생들도 입학하는 것은 하늘의 별따기다. 결국 외지인의 자녀들이 비집고 들어가기란 더욱 어렵다.

중학교의 경우 부모의 권력과 재력에 따라 학생의 명칭이 달라지고, 교육의 등급도 세분화된다.

국가 고위층 자제들은 공통건설생(共通建设生)이라고 부른다. 이들은 국가기관에서 의뢰해 만든 특별학교에 다니는데 이 학교는 비공개로 일반인들에게는 문이 닫혀 있다.

두 번째는 조자생(条子生)으로 한마디로 청탁생이다. '티아오즈'(条子)는 쪽지라는 뜻으로 고위인사들이 자식의 이름을 쪽지에 적어 교장에게 건넨다는 뜻이 담겨 있다. 부모의 꽌시를 이용해서 무시험으로 '중점학교'에 들어갈 수 있다. 그래서 중국에서는 '핀디에'(拼爹)라는 말을 자주 한다. '누구의 아빠가 더 센가?'라는 말이다. 중국에 살기 위해선 그것이 가장 중요하다.

세 번째는 추천생(推优生)이다. 성적이 우수한 학생이나, 특기가 있어서 학교장이 추천하는 학생을 말한다.

네 번째는 예비생(点招生)이다. 이들을 '잔컹반'(占坑班)이라고 부르는데 중점학교에 들어가기 위해 몇 년 전부터 그 중점학교의 예비반에 들어가서 중점학교 입시준비 과정을 거치게 된다. 매년 시험을 봐서 성적 우수자에 한해서 입학한다. 이들을 '잔컹반'이라고 부르는 이유는 미리 구멍을 파서 자리를 차지 한다는 뜻이 담겨 있다.

그 외에도 명문 소학교나 중학에 입학하려면 다른 방법이 있다. 바로 학교에 거액의 기부금을 내는 것인데 문제는 '입학 사례금'을 요구하는 것은 위법이기 때문에 학교 교장이 학부모에게 백지를 내민다. 스스로 입학 사례금을 써내는 형식이다. 누가 더 고액을 써내는지에 대해 신경전이 벌어지는데 평균 3만~18만 위안(525만~3,150만 원)정도라고 알려져 있다.

중국 국무원이 교육계 개혁을 선언했지만, 초·중학교에서 '학군 편입', '기부금 강요' 등은 사라지지 않았다. 비리와 부패로 곪아터지는 중국 교육계의 각성을 촉구하며, 2009년 11월에는 중국 교육부장이 전격 경질되는 일도 있었다.

중국의 공립고등학교는 호구가 없으면 들어갈 수 없다. 만약 돈이 많아서 호구가 없어도 되는 사립고등학교에 진학한다고 해도 대학을 갈 때 또 높은 장벽에 부딪치게 된다. 대학입시의 교재가 지방마다 다 다르기 때문이다. 그리고 지역마다 경쟁률도 다르다. 베이징, 상하이의 경우 오히려 경쟁률이 다른 지방보다 낮다.

중국의 대학 입학시험을 까오카오(高考)라고 한다. 보통 6월 7~9일에 치러진다. 750점이 만점이다. 대도시 호구를 가진 학생의 경우 엄청난 특혜를 받는다.

대학마다 학교의 상황에 따라 신입생 모집 내용이 달라지는데 예를 들어 2004년 베이징대학 A학과의 경우를 보면 이해가 쉽다. 이 학과의 경우 60명 정원에 베이징 10명, 상하이 5명, 텐진 5명, 산둥 5명, 허난 5명, 기타 지역 각각 1명씩을 입학정원으로 정해 놓았다. 그 지역 학생의 정원을 가장 많이 뽑기 때문에 상대적으로 다른 지방 학생보다 점수가 낮아도 합격할 수 있는 것이다. 그래서 베이징 호구를 가진 학생들이 명문대학으로 알려진 베이징대학과 칭화대학에 다닌다는 것은 그리 대단한 일이 아니라고 중국인들은 입을 모은다.

"만약 한국처럼 전국이 하나로 통일된 수능시험을 치를 경우, 아마 베이징 학생들은 베이징대학, 칭화대학에 합격하기 힘들 거예요. 750점 만점에 200점 정도의 가산점을 받고 들어가는 것이라고 보면 될 겁니다."

| 표 5 | 중국 교육기관의 종류와 특징 (2012)

교육기관	종 류	특 징	비 고
영 · 유아원	–	• 1~5세 영 · 유아	• 원비는 따로 없고 1회 100위안 정도

유치원	공립유치원	• 가장 싸다
		• 호구 있어야 함
		• 집 근처가 아닐 경우
		  임시거주비를 내야 함
			• 월 700위안
			• 임시거주비
			  3만~10만 위안

	직장부설 유치원	• 반드시 그 직원의 자녀이어야 함.	–
	마을 공익유치원	• 마을단위로 공익성을 목적으로 만들어진 유치원	–
	사립유치원	• 가장 많음 • 원장은 그 지역 호구가 있어야 함 • 건물은 3층 이하, 교사 3명 이상	–
초등학교		• 의무교육 시작	
중학 입학시험 및 선발과정	공통건설생	• 국가기관에서 의뢰해 만든 비공개 특별학교에 다님	–
	조자생	• 청탁생. 고위인사의 자녀	–
	추천생 1: 推优生	• 학교장이 성적 우수자 추천	–
	추천생 2: 特长生	• 체육, 예술, 과학기술 특기생	–

	예비생(잔컹반)	• 중점학교 입학 위해 초등학교 3학년부터
		  그 중학교 부속 예비과정에 들어감
			• 매년 시험 통해
			  우수학생 선발

중학교	–	• 2009년부터 외지인도
		  필요서류를 제출하면 집 근처
		  학교에서 공부할 수 있게 됨
			• 필요서류
			– 임시거주증
			– 부모 재직증명서
			– 고향에 아이를 돌볼
			  사람 없다는 증명서

고등학교	공립고등학교	• 호구가 있어야 입학 가능	–
	사립고등학교	• 호구 없어도 되지만 등록금 비쌈	–
대학교	–	• 매년 6월 7~9일, 3일간 치러짐	–

富

Fù

샤하이

为钱所惑 돈에 현혹되어

行道路远 갈길이 멀다

孤人漂泊 고독한 자는 떠돌고

未等心安神宁 마음과 정신을 뉘일 겨를도 없이

早己晨忙晚辛 아침부터 늦은 밤까지 고생하고

无暇顾念家人 가족을 염려할 겨를도 없어

椰风海韵 야자나무 바람소리와 바다의 여운

沙滩美景 아름다운 모래사장

为富人所幸 부자들을 기쁘게 해주고

最怕台风周末来临 제일 큰 걱정은 주말에 태풍 오는 것

趋名图利 명성과 사리를 추구하고

身心疲惫未有期 몸과 마음이 고단한 게 끝이 없구나

人随天老 사람은 세월 따라 늙고

身无处寄 몸 기댈 곳 없이

到天涯海角 아득한 먼 곳까지

掬口海水 바닷물을 머금고

捧捧沙粒 모래를 만지며

数数梦中情人 꿈속의 여인을 헤아리며

一了山盟海誓 영원한 사랑을 맹세한다

– 중국의 한 네티즌의 시

TIP

샤하이(下海)는 개혁개방 이후 자의든
타의든 직장을 그만두고 사업에 뛰어든
사람들을 일컫는 말이다.

벼락부자가 될 일곱 번의 기회

개혁개방 이래 중국에는 부자가 될 수 있는 일곱 번의 기회가 있었다.

1980년대 초, 개혁개방의 시동이 걸리면서 중국정부가 사영기업가인 '거티후'(個體戶)를 허용하면서 첫 번째 기회가 찾아왔다. 장사수완이 좋고, 아이템만 좋으면 쉽게 부자가 될 수 있었다.

두 번째는 향진(鄕鎭)기업들의 일어나면서 가난한 농민들이 벼락부자가 될 수 있는 기회가 주어졌다. 수많은 농민들이 신분 자체가 바뀌었다.

계획경제와 시장경제가 혼재하던 시대, 이때에는 두 가지 가격제도인 쌍궤제(雙軌制)가 존재했다. 이 시기를 놓치지 않고 관료와 공무원들은 상품의 시장가격 차이를 이용해 되팔아서 벼락부자가 됐는데 이것이 세 번째 기회였다.

그리고 덩샤오핑의 남순 강화 이후 지식인들이 창업의 바다로 뛰어들었던 샤하이(下海) 열풍이 그 네 번째 기회였다.

1997년 국유기업들의 사유화 과정에서 기본적 조건만 갖추면 정부로부터 사업체 설립허가를 얻을 수 있었다. 민영기업들에게는 더없이 좋은 절호의 찬스, 다섯 번째 기회였다.

1999년 전후로 해외유학파들이 대거 중국으로 귀환하면서 여섯 번째 기회가 찾아왔다. 정부가 귀국 유학생을 우대하는 정책을 내놓으면서 해외유학파들 사이에서 창업열풍이 불었기 때문이었다. 해외유학파들의 귀국이 홍수를 이루었다. 부자들의 탄생의 신호탄이었다.

2000년부터 대륙에 부동산 투기바람이 불었다. 특히 중국의 유대인이라고 부르는 원저우(溫州) 상인들은 상하이, 항저우, 샤먼, 베이징, 닝보 등지를 휩쓸고 다니며 부동산 투기를 일삼았다. 부자가 될 수 있는 일곱 번째의 기회였다.

개혁개방 이후, 중국인들에게 찾아온 일곱 번의 기회를 살펴보면 개혁개방 이후, 경제성장에 박차를 가했던 급행열차 '중국호'의 궤적과 방향, 혼란, 그리고 라오바이싱들의 꿈을 반추해 볼 수 있다.

꽃게를 처음 먹은 사람들 ― 거티후의 출현

새로운 영역의 개척자, 혹은 선구자를 중국에서는 '꽃게를 먼저 먹은 사람들'이라고 부른다.

구전되는 이야기에 따르면, 꽃게를 처음 발견했을 때 사람들은 그 모양새가 흉측해서 인간에게 해를 주는 무서운 동물이라 여겼다. 어느 날, 꽃게를 유심히 관찰하던 누군가가 큰 용기를 내서 그것을 불에 구워서 먹었다. 이럴 수가 … 맛이 기가 막히게 좋았다. 그 후로 많은 중국사람들이 꽃게를 먹기 시작했고, 최초로 꽃게를 먹었던 사람을 용감한 사람, 혹은 선구자로 부르기 시작했다.

개혁개방 이후, 첫 번째로 기회를 거머쥔 사람들을 '꽃게를 처음 먹은 사람들'이다.

1980년대 초, 개혁개방의 시동이 걸리자, 중국정부는 계획경제의 틀을 무너뜨리고, 사영기업가인 '거티후'를 허용했다. 거티후란 소규모의 자본으로 개인적으로 장사를 하는 자영업자를 말한다. 쉽게 말해, 길거리에서 국수나 만두를 팔거나 구두 수선, 혹은 옷을 수선하는 사람들이다.

개혁개방 이전에는 사회주의 경제원칙에 어긋난다는 이유로 이런 행위를 하는 사람들을 '자본주의의 쓰레기'라고 부르면서 배척했다. 몇몇 사람들은 그런 멸시를 받으면서도 몰래 장사를 했다.

개혁개방은 이들에게 천지개벽과도 같았다. 그 누구의 눈치도 보지 않고 떳떳하게 장사를 할 수 있는 세상이 열린 것이다. 뿐만 아니라, 거티후의 허용은 돈으로 사람의 노동력을 사고팔 수 있도록 허용한 것이었고, 실질적으로 사유재산의 소유를 인정하는 획기적 사건이었다.

정부는 거티후의 허용과 동시에 시장경제 활성화 정책을 펼쳤다. 거티후의 수는 급증했다. 특히, 국영기업에서 충분히 공급할 수 없는 물품의 제조와 판매업 · 서비스업 · 식당 등이 자영업의 중심이 됐다. 특히 몰래 남의 눈을 피해 소규모 장사를 하던 사람들에게 더 유리한 조건이었다.

거티후들의 활약은 완위안후(萬元戶)를 탄생시켰다. 수입, 혹은 저축액이 1만 위안 이상의 사람을 부르던 당시 유행어였다. 그 당시의 물가를 비교해 보면 1만 위안이 얼마나 큰돈인지 짐작할 수 있다. 국가공무원의 월평균 수입이 20위안, 쌀 1근에 0.14위안, 육류 1근 0.95위안, 경조사금 2위안이었다. 그러니 1만 위안이면 백만장자의 반열에 오를 수 있었다.

완위안후는 중국 경제발전의 첨병이 되었다. 그들은 그 당시 경제사회 발전의 지표가 되었고, 생활의 행복지수의 상징이 되었다. 심지어 일부 지방에서는 완위안후의 숫자로 그 지역의 발전속도를 판가름하는가 하면, '완위안후 마을'이 생겨나기도 했다.

그렇다면, 누가 기회를 잡아 완위안후가 되었을까.

중국에서 최초로 거티후 허가증을 받은 사람은 장화메이(章華妹, 53세)이다. 그녀는 중국에서 민영기업이 가장 발달한 저장(浙江)성 원저우가 고향이다. 중국의 유대인으로 불리는 원저우 사람들은 개혁개방 이전에도 몰래 장사를 하는 경우가 많았다. 장화메이도 마찬가지였다. 그녀의 부친도 중국에서 민

중국 최초로 영업허가를 받은 1호 거티후 장화메이.

출처: 网易新闻

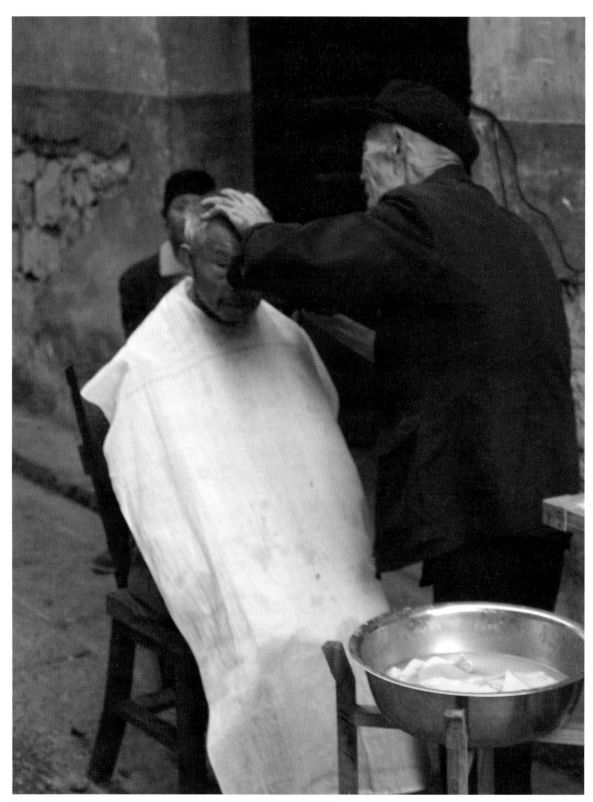

거리의 이발사. 이처럼 주로 집 앞에서 장사하던 사람들이 거티후의 선봉이 됐다.

영기업이 가장 발달한 저장성 원저우 출신으로 개혁개방 직후인 1979년 9월 중국에선 처음으로 영업허가증(營業執照)을 받았다. 그는 "내 집 앞에서 장사하는데 왜 허가를 받아야 하는지 당시에는 어리둥절했다"고 회고했다. 34년이 지난 지금 그는 원저우 시내에 수백 평짜리 점포를 갖춘 중소업체의 사장님으로 변신했다. 그러나 그는 수천만 거티후의 대표 사례일 뿐이다. 그는 일찍이 사업수완이 아주 좋기로 마을에서 소문이 자자했다. 신중국이 건설되기 전부터 포목점을 운영해온 그는 몇 명의 자식들 중 딸 장메이화에게서 사업능력을 발견했고, 그때부터 딸에게 장사하는 법과 상술을 가르쳤다.

1979년 11월 장화메이의 점포가 처음 문을 열었다. 집 대문 앞에 겨우 탁자 하나를 놓고 시작한 코딱지만 한 노점이었다. 물건이라고는 몇 마오(1마오는 18원)짜리 일용품에서부터 포목과 손목시계 등이 전부였다. 잡화상이었다.

당시의 시대적 분위기는 국유기업에 취직하는 것이 가장 출세하는 것이었다. 자본주의의 찌꺼기로 지탄받던 '장사'를 하는 것은 사람들에게 멸시와 손가락질을 받는다는 것을 의미했다. 장화메이는 당시를 이렇게 회상했다.

"동창들 보는 것이 부끄러웠어요. 그들도 장사를 하는 저를 보고는 얼른 고개를 돌렸죠."

하지만, 장사를 시작하고 며칠이 지나면서, 매일 현금이 손에 들어오자 그녀의 생각은 달라지기 시작했다.

"사람들은 모두 출근해서 돈을 벌었지만, 저는 바로 집 앞에서 돈을 벌 수 있었어요."

그때부터 그녀는 돈 버는 재미에 푹 빠졌다.

장사를 시작하고 얼마 지나지 않아서 원저우의 구로우공상(鼓楼工商)이 문을 열었다. 어느 날, 공상부문의 사람이 장화메이를 찾아왔다. 이제부터 국가가 '거티후'를 허용하기 때문에 개인 장사가 공식적으로 인정받을 수 있다는 것이었다. 그래서 영업허가 신청을 하라는 것이었다.

"내가 우리 집 대문 앞에서 물건을 파는데 무슨 허가증이 필요하죠?"

당시 그녀가 한 첫마디였다. 집으로 돌아와 아버지에게 얘기를 했더니, 그녀의 아버지는 지체 없이 그녀를 끌고 공상부로 찾아가서 영업허가 신청서를 제출했다. 이렇게 해서 그녀는 '전국 개인 사영업 신청 1호자'가 되었다.

현재 그녀는 '웨이싱'(偉星)이라는 복장 보료유한공사의 대표다.

실제로 중국의 개인 및 민영 경제는 지난 20년간 급속하게 성장하면서 수많은 벼락부자들을 탄생시키는 등 중국경제의 중요한 비중을 차지하고 있다. 중국 국가공상행정관리총국 집계자료에 따르면, 중국공산당 제11기 중앙위원회 제3차 전체회의가 개혁개방을 결정할 당시 단 하나도 없었던 사영기업은 2013년 1,096만 6,700개(등록기준)로 전체 기업 총수의 80%를 차지했다.

농민, 신분을 뒤집다 — 향진기업의 굴기

두 번째 기회는 몇 년 뒤에 다시 찾아왔다.

1980년대 초, 대대적인 농촌개혁이 있었다. 그동안 농민들은 입에 풀칠하는 것이 자신들의 노동의 이유라고 생각했다. 농사를 지어서 부자가 된다는 것은 아예 상상조차 하지 못했다. 하지만, 그들에게도 기회가 찾아왔다. 당시 농촌개혁의 핵심은 '연산승포책임제'(聯産承包責任制)였다. 일정한 목표량을 생산하도록 정부가 원자재를 공급하되 그 수준을 넘은 물량에 대해서는 농민들에게 자율적으로 처분할 수 있는 권리를 준 것이다.

당시 농촌의 농작물은 대부분 도시로 팔려 나갔다. 그런데 시장경제 체재가 되면서 공급이 수요를 따라가지 못하는 지경에 이르렀다. 이것은 하나의 기회였다. 농촌간부와 영리한 농민들은 열심히 농사를 짓고 남은 것을 도시로 내다 팔았다. 이것이 농민기업가들의 첫 출현이었다.

향진기업들도 이 기회를 놓치지 않았다. 1958년에 처음 탄생한 향진기업은 우리의 읍·면에 해당하는 향(鄉), 진(鎭)의 주민들이 만든 중소기업을 말한다. 과거의 향진기업은 경영·생산 및 판매를 자율적으로 결정하지 못했지만, '연산승포책임제'의 실시로 자율권이 주어지면서 판세가 달라진 것이다. 이것은 향진기업에 부분적으로 자본주의 경영체제가 도입된 획기적 사건이었다.

무엇보다 향진기업이 급성장할 수 있었던 것은 특수한 시대적 상황 때문이었다. 당시는 외국자본이 막 들어오던 시기였고, 도시 경제체제가 아직 계획경제체제를 벗어나지 못했을 때였다. 시장경제가 활성화되기 전이어서 경쟁이 치열하지도 않았다. 또 하나, 농촌의 노동인구가 풍부했고 무엇보다 인건비가 아주 쌌다. 하루 세 끼에, 조금의 임금만 얹어 주면 얼마든지 노동력을 구할 수 있었다. 토지 임대료도 저렴했다. '향장(鄕長)과 촌장(村長)에게 두 개피의 담배와 술 한 병만 주면 토지를 빌리는 것은 어렵지 않다'는 말이 떠돌았을 정도였다. 이런 당시 상황 속에서 모험정신이 투철하고, 거기다 남들과 다른 영업기술만 보태면 농촌에서 '특출한 사람'(尖子)이 되는 것은 어렵지 않았다. 그리고 그들에게 돈이 몰리기 시작했다. 이렇듯 1985년 전후에 출현한 농민기업가와 향진기업가는 당시 농촌체제 개혁의 산물이었고, 그들이 벼락부자의 대열에 오르기 시작했다.

두 번째 기회의 수혜자는 중국의 한 농촌마을이었다.
덩샤오핑의 개혁개방 정책 이후 가장 성공적인 농촌마을로 떠오른 장쑤성(江苏省) 화시춘(華西村)이 그곳이다. 이 마을의 촌장 우런바오(吳仁寶)는 중국농촌의 신화적 인물이다. 화시춘은 원래 창강(長江) 하류지역에 있는 가난한 농촌이었다. 하지만 이 마을의 우런바오 촌장은 시대의 거대한 조류를 읽었다. 화시춘 공산당위원회 서기이기도 했던 그는 무엇보다 이 기회에 거대한 모험을 하고 싶었다. 우선 그는 가가호호마다 방문하여, 마을사람들을 설득해서 공장설립 자본금을 모았다. 1978년 말, 마을주민 1천여 명은 개인들의 자산을 '향진기업'에 투자해 이를 공동소유로 했다. 향진기업의 첫 출발은 나사못을 생산하는 작은 공장이었다. 때마침 중국에는 공업화 바람이 불었고, 사업은 순조로웠다. 잇달아 개혁개방의 봇물이 터졌다. 정

위 / 유럽식 별장촌이 끝없이 펼쳐져 있는
중국 최고의 부자농촌 화시촌 전경

아래 / 중국 부자농촌 장쑤성 화시춘의 야경

부는 농촌 소득증대를 위해 향진기업 육성정책을 대대적으로 펼쳤다. 이미 시장경제의 기반을 갖추고 있던 화시촌의 향진기업은 초고속 성장을 시작했다 창장 삼각주라는 지리적 이점도 사업에 돛을 달아 주었다. 그는 잇달아 철강, 해운, 건설공장을 지으면서 사업을 확장했다.

이렇게 해서 '화시그룹'이 탄생했다. 현재 화시그룹은 총 80여 개의 회사를 거느리고 있다. 화시그룹의 2010년 매출액은 512억 위안(약 8조 9,600억 원)에 달했다. 뿐만 아니라, 인근 가난한 마을까지 흡수하면서 장쑤성 서부 빈곤지역 8개 마을, 8천여 명을 빈곤에서 탈출해 부자가 되게 했다고 평가받는다.

화시그룹의 자산은 마을의 공동소유이고, 마을의 당위원회가 회사와 마을의 모든 것을 결정한다. '사회주의 공동체'를 근간으로 소유와 복지는 철저하게 사회주의 시스템을 도입했고, 돈은 시장경제를 활용해 벌어들이는 방식이다. 자본주의 요소인 인센티브도 확실하게 챙겨준다. 현재 화시그룹의 2만 5천여 명의 직원과 근로자들은 모두 마을주민들이다. 이들은 회사 발전에 공헌한 기여도와 근속기간 등에 따라 지분과 배당을 받는다. 주택분배 등 각종 복지혜택도 차등적으로 제공받는다.

몇 년 전, 이 마을을 취재하러 간 적이 있다. 마을에는 마치 모델하우스와 같은 유럽식 별장들이 즐비했다. 화시촌의 상징처럼 소개되는 유럽식 별장은 이 마을과 화시그룹 발전에 가장 크게 공헌한 주민 1천여 명에게 분배된 집이라고 했다. 우 촌장의 안내를 받고 한 빌라로 들어갔을 때, 화려한 서양식 인테리어로 장식된 거실에서 러닝머신을 하던 백발 할아버지의 모습이 아직도 기억에 생생하다.

화시촌을 일군 우런바오 촌장은
2013년 3월 암으로 사망했다.

그러나, 화시촌을 일군 우런바오 촌장은 지난 2013년 3월 18
일 암으로 사망했다. 향년 85세였다.

관료와 장사꾼 사이 — 투기꾼의 창궐

잇달아 세 번째 기회가 찾아왔다.

신중국의 근간은 식량배급제와 계획경제였다. 1978년 전만 해
도 대부분의 물자들이 국가의 통제하에 분배되었다. 철강, 석
탄, 석유, 기계설비 등 기간산업을 비롯 총 572종에 달하는 물
자들이 배급제에 의해 분배되었다. 이들 물자에 대한 생산량과
분배는 국가계획위원회 산하의 국내 무역부가 직접 관장했다.

1988년 전후로 계획경제에 일대 전환이 시도되었다. 무역부
가 관장하던 물자도 572종에서 70여 종으로 대폭 줄어들었고,
각 상품별 배급제 의존도도 30% 이하로 낮아졌다.

이처럼 1980년대 말부터 1990년대 초 중국은 계획경제와 시
장경제가 혼재된 채 급류를 타고 있었다. 이때에는 두 가지 가

격제도인 쌍궤제가 존재했다. 국가 지정가격과 시장가격이 별도로 존재했는데 일반적으로 가격차이가 최대 50%나 됐다. 이 기회를 놓치지 않고 당시의 혼란한 시대를 틈타 대량의 물자를 빼돌려서 폭리를 취하는 관료나 공무원들이 등장한다. 이들은 상품의 가격차이를 이용해 시장에 되팔아서 벼락부자가 됐다. 이들을 따오예(倒爺), 혹은 관따오(官倒)라고 불렀는데 당시이들은 전국 각지에 성행했고, 특히 관료들이 많은 베이징에서 최고로 유행했다.

일반인도 돈 냄새를 맡고 뛰어들었다. 쓰따오(私倒)라고 불리는 개인 투기꾼들이었다. 당시 젊은이들 사이에서 가장 각광을 받았던 직장은 수출입회사, 무역회사, 정부의 물자를 공급하는 물자국이었는데 풍부한 물자만 손안에 쥐고 있다면, 돈방석에 앉는 것은 시간 문제였기 때문이었다.

사상의 대폭발 — 샤하이

네 번째 기회는 1992년에 덩샤오핑의 남순 강화 이후, 곧바로 찾아왔다. 이때는 '사상(思想)의 대폭발'이라고 할 정도로 중국인들의 생각이 180도로 뒤바뀐 시기였다. 특히, 기존에 부정적이었던 '시장'이라는 말의 의미가 긍정적으로 변화했다. 주식, 선물, 기금 등의 말도 모두 이 시기에 새롭게 생겨난 것들이다.

이 '사상의 대폭발' 시기에 부자들도 폭발했다. 실제로 주식과 부동산은 가만히 앉아서도 재산을 몇 배로 뻥튀기해 주었다. 사람들은 쉽게 돈을 버는 방법을 알게 됐다.

당시, 가장 매력적인 투자는 부동산 투기였다. 당시 하이난, 광저우, 선전, 베이하이 등지에는 부동산 투기꾼들이 물결이 이어졌다. 이들이 지나간 자리마다 부동산 가격은 폭등했다. 당시 부동산 투기는 중국에서 유명한 투기성 온라인 게임인 '격고전화'(击鼓傳花)라는 도박게임에 자주 비유되곤 했다.

하지만, 짧은 시간에 큰돈을 벌 수 있는 유혹은 수많은 사람들을 흔들었다. 당시 수많은 지식인과 정부관료들이 돈의 바다로 뛰어들기 시작했다. 이를 샤하이(下海)라고 불렀다. 특히 공직이나 국영기업 고위직에 있던 사람들에게 창업열풍이 휘몰아쳤다. 1993년 하반기, 홍콩갑부 이가성(李嘉誠), 이도기(李兆基) 등이 부동산으로 갑부가 됐다는 얘기가 전해지면서 샤하이의 물결은 더욱 거세졌다.

중국 인사부(人事部) 통계에 따르면 1992년 사직한 관료가 12만 명, 사직하지는 않았지만 샤하이의 물결에 몸을 던진 관료들이 1천만 명이 넘었다고 한다.

부동산 재벌 판스이(潘石屹, 51세)는 그 대표적인 인물이었다. 명문 베이징대 공대를 졸업한 그는 1984년 중국 석유부에 입사했지만 공무원이 체질에 맞지 않아 스스로 회사를 나왔다. 판스이는 하루아침에 집도 직장도 없는 장래가 불투명한 청년으로 전락했다. 가난하고 척박한 서부내륙 간쑤(甘肅)성 출신인 그로서는 손을 내밀어 도움을 청할 인맥조차 없었다.

1988년, 중국정부는 중국 최대의 경제개방 구역인 하이난성(海南省)을 제2의 홍콩처럼 발전시키기 위해 공유재산제를 점차 완화하고 특히 현대 자본주의적 경제관리체제를 적극 도입하겠다고 발표했다. 일확천금의 꿈을 안은 사람들이 하이난

부동산 재벌이자 SOHO
중국유한공사 설립자 판스이

으로 몰려들었다. 그중에서도 부동산 투자의 열풍은 가장 뜨거웠다.

판스이도 개혁개방 1번지이자 경제특구인 선전과 하이난에서 부동산 개발사업에 뛰어들었다. 하이난에서 빌라 건축으로 몇 년 만에 목돈을 거머쥔 그는 베이징으로 상경했다.

1992년 '만통육군자'(万通六君子)라는 회사를 차린 그는 본격적으로 베이징 부동산 개발업을 시작했다. 특히, 베이징 푸청먼(阜成門) 지하철 근처에 그가 세운 현대적 감각의 상가는 그의 명성을 널리 알리는 동시에 그의 입지를 굳혔다.

1995년 판스이는 장시엔(張欣)과 공동으로 SOHO 중국유한공사를 설립했다. 판스이는 미래를 먼저 내다봤다. 앞으로의 사회는 정보기술(IT)이 지배하는 세상이 올 것이고, 그렇다면 집과 사무실이 합쳐진 신개념의 공간이 필요하다는 것을 알고 1996년부터 SOHO 건설에 착수했다. 당시 중국 IT 산업의 메카로 떠오른 베이징에는 소규모 창업이 줄을 잇고 있었다. 부동산업계에서는 고가의 첨단 SOHO에 대해 비관론이 팽배했지만, 그는 흔들리지 않았다. 그는 실패를 줄이기 위해 설계단계부터 고객을 참여시켰고, 'SOHO 품질에 불만이 있다면 전액 환불한다'는 파격적 조건도 내걸었다. 결과는 대성공이었다. 베이징 외곽 만리장성 터인 옌칭(燕慶)지구에 세운 빌라는 2002년 9월 베니스비엔날레에서 특별상을 받았다.

그는 부동산재벌 신화에 등극함과 동시에 '샤하이'의 대표적인 성공의 상징으로 통한다.

관리층들의 포상 ─ 국퇴민진(國退民進)

1997년, 중국정부는 국유기업에 "3년탈곤"(三年脫困)이라는 숙제를 주었다. 3년 동안의 시간을 줄 테니 위기과 곤경을 어떻게든 탈출하라는 경고였다. 이는 인민들에게 국유기업이 처한 위기상황을 보여줌과 동시에 국유기업을 사유화해야 하는 역사적 배경을 만드는 근간이 되기도 했다.

당시 대부분 국유기업들은 시장경제에 적응하지 못했고, 손실적자가 엄청났으며, 효율성은 최악이었다. 1990년대부터 적자기업들이 늘어나기 시작해서 1996년 8월에는 전국의 예산 내 국유 공기업 중 적자기업의 비중이 49.7%를 기록해서 전년도보다 11.9% 증가했고 그 나머지의 30%도 잠재적 적자기업으로 간주됐다. 평균수익률을 살펴보면 국유기업의 자금이윤율이 1985년 13.9%에서 1992년에는 2.7%로 떨어졌고, 이윤총액도 1985년의 738억 위안에서 1992년에는 535억 위안으로 계속 하락하는 추세를 보였다.

흑자경영을 한 국유기업도 전체의 3분의 1에 불과했다. 나머지 3분의 2가 사실상 심각한 적자상태에 놓여 있었다. 이러한 국유기업의 적자는 정부의 재정수입에 큰 부담을 주고 있었다. 정부가 국유기업의 적자를 메우기 위해 국가예산의 13%에 해당하는 연간 506억 위안(1991년)을 정부재정에서 지출함에 따라 재정지출에도 큰 영향을 미치고 있다.

이런 특정한 역사적 배경 아래 관리층의 구매를 일컫는 MBO(管理層收購)는 국유기업의 많은 일자리 창출 효과, 그리고 국유자본의 퇴출경로의 문제를 해결할 수 있기 때문에 정책과 기업계의 추종을 받았다. 그러나 곧 '자매자매'(自買自賣), '밑천 없는 날강도'(空手套白狼) 등의 비난을 받게 된다. 하지만, 이런 혼란의 틈새에도 기회는 열려 있었다.

TCL기업 총재 리둥성

대표적 사례는 중국 최대 TV 생산업체인 TCL 기업의 전신인 광둥 후이저우(廣東惠州)의 지방 국유기업이었다. 1997년 후이저우 시 정부와 TCL 기업 총재 리둥성(李東生, 55세)은 5년 동안의 방권경영, 즉 경영권의 일부를 넘기는 것에 합의했다. TCL은 1996년 3억 위안의 자금 전부를 분할해서 후이저우 시 정부소유로 분할하여 귀속시켰다. 그 후 매년 투자수익률의 최저 10%를 서로 다른 관리층에게 주주의 권리를 나눠주었다. 5년 동안 TCL의 성장속도는 매년 10% 이상을 넘어섰고, 국유자본은 빠르게 가치가 높아졌다. 관리층과 직원들의 주식가치도 증가했다. 주식보유의 비율도 42%로 높아졌다. TCL 그룹 리둥성은 8년의 시간을 들여서 TCL의 MBO를 진행했다. 그래서 중국언론에서는 그를 "최초로 떡고물이 아닌 떡을 먹은 사람"(吃到産權馅餅的第一人)이라고 불렀다.

중국 가전업체 TCL의 리둥성 회장은 중국기업의 세계경영을 대표하는 기업인으로 부상했다.

네트워크에서 금을 캐다 — 해외유학파들의 귀환

1999년 전후로 해외유학파들이 대거 중국으로 귀환하면서 또 다른 기회가 열리기 시작한다. 1980년대만 해도 유학을 다녀온 사람들은 대학이나 연구기관에 주로 종사했다. 그러나

1990년대 들어서 정부가 귀국 유학생을 우대하는 정책을 내놓으면서 해외유학파들의 귀국이 홍수를 이루고 그들 사이에서 창업열풍이 불었기 때문이었다.

당시 전 세계 경제는 그다지 좋지 않은 상황이었지만, 유독 중국경제만은 연속 7%의 경제성장을 기록하며 고공행진을 하고 있었다. 특히 중국은 WTO 가입, 2008 베이징 올림픽 유치 등으로 비상하는 거대한 용이 되었다. 전 세계적 경기침체 속에서 13억 중국인 네트워크 시장은 매력적인 시장이었다. 수많은 글로벌 기업들이 중국시장에 진출했다. 이러한 상황에서 서양의 선진기술과 다양한 문화를 접하고, 풍부한 동서양의 인맥을 구축한 해외유학파들은 당시 중국에 가장 필요한 인재들이었다. 이들을 다시 중국으로 불러들이기 위해서는 당근이 필요했다. 중국정부는 해외유학파들에게 파격적 조건을 제시했다.

먼저, 국가경쟁력을 가진 연구분야에 대해서는 연구비를 전액 지원하며, 중국 내 경제개발구, 첨단개발구, 창업단지에 사업공간을 마련해 주고 우대정책을 실시했다. 전문지식, 기술특허, 연구개발 성과 등 지적 재산권을 철저히 보호하겠다고 약속했으며, 해외유학파가 국내에 기업 설립, 연구개발기지 건립 등 프로젝트를 지원할 경우 정책 및 네트워킹 지원을 하겠다고 공언했다.

이런 정책에 힘입어 중국의 실리콘밸리로 불리는 베이징 중관춘(中關村)에는 당시 해외유학파가 창업한 기업이 2천여 개를 넘어섰다. 이들 해외유학파들은 중국과 세계시장을 연결하는 중요한 다리 역할을 하며 중국시장을 이끄는 지식리더의 역할을 톡톡히 해냈다. 그리고 이때 창업한 해외유학파들은 대부

해외유학파 출신 CEO, 소후닷컴의 장차오양

분 네트워크 산업에서 금을 캐냈고, 이들 가운데서 짧은 시간 내에 억만부호들이 탄생하기 시작했다.

대표적 인물은 칭화(淸華)대 물리학과를 거쳐 미국 MIT에서 박사과정을 밟고 중국으로 돌아와 중국 내에서는 처음으로 벤처투자 자금으로 인터넷 포털사이트 소후닷컴(sohu.com)을 설립한 장차오양(張朝陽). 그리고 베이징대학에서 정보관리를 전공한 뒤 미국 뉴욕주립대학에서 컴퓨터 공학으로 석사학위를 받고 월가와 실리콘밸리에서 인터넷 기술자로 경험을 쌓다가 고국으로 돌아온 바이두의 CEO 리옌훙(李彦宏)이다.

1986년 중국의 명문 칭화대학을 졸업하고, 매사추세츠 공과대학에서 실험물리학 박사학위를 취득할 때까지도 장차오양 꿈은 과학자였다. 그러나, 1990년대 초 격동하는 중국은 그의 마음을 흔들었다. 전 세계를 강타한 IT 산업의 급속한 성장은 그가 과학자의 꿈을 접고 고국으로 돌아오게 한 힘이었다. 1996년 그는 모든 것을 접고 귀국했다.

당시 18만 5천 달러의 묻지마 투자금(風險投資)으로 '인터넷 테크놀로지스 차이나'를 설립했다. 2년 후 포털사이트 소후닷컴이 중국에서 큰 인기를 얻자 그는 회사명을 소후닷컴으로 바꾸었다. 2000년에는 미국 증권시장인 나스닥에도 상장했다.

지난해 〈후룬보고서〉는 장차오양의 재산가치를 3억 5천만 달러로 책정했다. 중국부호 중 320위다. 그러나 지금은 소후닷컴의 가치가 더욱 올라 그가 보유한 27%의 지분이 현재에는 4억 달러 이상의 가치가 있다고 평가받는다.

부동산이나 주식으로 돈을 번 다른 부자들이 올해 경기침체로 인한 불안한 시장으로 손실을 기록했지만 장차오양은 꾸준

출처: 溫州日報

원저우의 부동산 재벌
쩌우팡

히 부를 축적하고 있다. 그의 일거수일투족도 전 세계의 이목을 집중시켰다. 그는 BMW X3, 레인지 로버, 메르세데스 벤츠 등 고급 외제차 3대를 가지고 있다. 요트를 타거나 드라이브를 즐기며, 시간이 날 때마다 불교, 심리학, 중국 전통의학 등을 공부하기도 한다. 그는 꾸준한 운동으로 150살까지 살고 싶다고 밝히기도 했다.

태풍이 온다, 돼지도 날수 있다 ― 13억의 광풍

"태풍이 온다. 돼지도 날 수 있다."
중국언론들은 전례 없이 불어닥친 이 특별한 광풍을 이렇게 표현했다. 바로 중국대륙에 몰아친 부동산 투기 광풍을 말한다.

圖 185

고위층, 권력자뿐만 아니라, 돈 없는 서민들까지 이 광풍에 가 담했다.

특히 부동산 투기의 선봉에 선 사람들은 중국의 유태인으로 불리는 원저우 상인들이었다. 개혁개방 20~30년 동안 그들은 꾸준히 부를 쌓았다. 그 민간자본이 6천억 위안 규모라고 알려졌다. 상하이, 항저우, 샤먼, 베이징, 닝보 등 그들이 지나고 휩쓸고 지나간 자리마다 부동산 가격은 폭등했다. 돈은 돈을 벌게 했다. 돈방석에 오르는 일은 시간이 갈수록, 투자를 많이 할수록 더 쉬워졌다.

대표적 인물은 쩌우팡(周芳)이다. 그녀는 자본금 13만 위안으로 부동산 투기에 뛰어들었다. 2006년, 그녀 나이 29세에는 자산이 백만 위안을 넘어섰다. 현재 그는 원저우의 부동산 재벌로 불린다.

식신폭발호를 향하여

최초의 벼락부자 기회를 잡은 사람들, '거티후'의 급속한 증가와 성장 속에서 특히 요식업의 성장은 가히 폭발적이다. 중국 언론들은 개혁개방 이후 30년 동안 중국 요식업이 백화제방(百花齊放) 시대를 맞이했다고 입을 모았다. '먹는 것을 하늘'이라고 여기는 중국인들에게 요식업은 화수분, 황금알을 낳는 거위였다.

이 전쟁에 가장 먼저 뛰어든 사람들이 있다. 요리사들이다. 이들은 중국 요식업계를 선점하면서 신흥부자 계급인 '식신폭발호'(食神爆發戶)의 반열에 들어서고 있다. 하지만, 기회가 온다고 해서 모두 기회를 잡는 것은 아니다. 또, 기회를 잡는다고 해서 모두 성공하는 것도 아니다.

식신폭발호의 대표주자인 우롱카이의 성공스토리는 그가 기회를 잡기 위해 얼마나 오래 참고, 얼마나 노력했고, 그 성공을 지키기 위해 얼마나 쉼 없이 정진하는지를 잘 대변해 주는 이야기가 될 것이다.

식신(食神)의 길

식신폭발호, 우롱카이

중국 개혁개방의 1번지이자 중국 소득수준 1위인 광둥성은 중국 요리의 메카이다. 소득이 많은 만큼, 먹는 것에 아낌없이 쓰는 중국인들의 소비성향에 발맞추어 상상을 뛰어넘는 규모의 레스토랑들이 성업중이다.

중국 광둥성 포산(佛山) 시에 있는 '왕거위춘'(旺閣漁村)은 베이징 천안문보다 더 규모가 크다. 동시에 1,500명이 식사할 수 있고 종업원이 800명이나 되는 이 거대한 식당의 사장은 올해 마흔한 살의 우롱카이(吳龍開) 이다.

그는 요리사 출신 사장이다. 가난한 가정의 장남으로 태어나서 고등학교에 다니던 남동생의 학비를 벌기 위해 시작한 식당 일이었다. 정작 본인은 중학교 졸업이 전부였다. 주방에서 채소도 다듬고, 해산물 손질도 하고, 선배들로부터 모진 구박을 받아가며 주방에서 8년을 보냈다. 2년 동안 식당에 생선을 납품하는 일도 해 봤다. 그는 일찍 사회생활을 시작했고, 일찍 사회에 눈을 떴다. 주방보조 밑바닥부터 시작해 10년 만에 특급 요리사 자격증까지 따냈다.

그의 나이 스물두 살에 고향인 난하이의 시차오산 근처에 식당을 개업했다. 테이블 10개 정도의 작은 식당이었다. 개혁개방이 무르익고, 덩샤오핑의 선부론이 그 시대의 화두였던 1993년의 일이었다. 우롱카이는 어린 나이였지만, 두렵지 않았다. 밑바닥 생활에 잔뼈가 굵은 그였고, 그 누구보다 주방에서 기본기를 다졌고, 가장 중요한 것은 요리에 자신이 있었기 때문이었다.

그러나 결과는 참담했다. 식당 문을 연 지 한 달 만에 문을 닫았다. 그는 훌륭한 요리사였지만, 경영에는 문외한이었다.

한 달 뒤 우롱카이는 망한 식당 바로 옆 부지에 다시 대형식당을 세웠다. 집안에서 돈이 될 만한 물건들을 모두 저당 잡혔다. 은행에서 높은 이자의 고리대금까지 받았다. 그는 자신이 가진 모든 것을 여기에 걸었다. 개업 전에 수백 가지의 요리를 새롭게 개발했다. 만반의 준비가 끝났다.

하지만, 개업 3개월이 지나도 매상은 오르지 않았다. 손님들의 반응도 시큰둥했다. 그 원인을 아는 것이 무엇보다 중요했다. 우롱카이는 오랜 고민과 분석 끝에 그 이유를 찾아냈다.

"우리 식당이 요리가 나오는 속도, 음식의 품질, 서비스 수준이 손님들의 기대치에 미치지 못했다는 것을 발견했습니다. 만약 이대로 지속된다면 식당이 망하는 것은 당연한 일이었습니다. 그때 저는 아주 무서웠습니다."

우롱카이는 식당의 개혁을 위해 전면 대수술에 들어갔다.

우선 가장 큰 문제는 '속도전쟁'을 어떻게 극복할 것인가 하는 것이었다. 석 달 동안 개발해 놓은 수백 가지 메뉴를 어떻게 빨리, 일정한 맛을 유지하며 손님에게 제공할 것인가.

그는 오랜 고민 끝에 주방에서 음식이 나오는 과정을 직접 설계했다. 공장의 작업라인처럼 단계별로 체계적 시스템을 구축했다. 먼저, 모든 요리에 들어가는 식재료의 정량을 표시했다. 재료의 양에 따라 맛도 달라지기 때문이다. 1그램의 오차도 없도록 관리를 철저히 했다. 또, 주방을 5개의 라인으로 만들어 음식주문을 받으면 체계적 과정을 거쳐 일사천리로 손님의 테이블 위에 오를 수 있도록 매뉴얼화한 것이다.

식신폭발호의 대명사 우롱카이.
중졸학력으로 요리사부터 시작
현재 4개의 대형식당을 가지고 있다.

왕거위춘 화순점.
천안문보다 더 큰 규모, 1,500명이
동시에 식사할 수 있다.

왕거위춘 1층에는 수족관을 방불케
하는 식재료가 전시돼 있다. 손님들이
눈앞에서 해산물의 신선도를 확인하고
주문할 수 있다.

왕거위춘에는 800명의 종업원이
일하고 있다. 이 가운데 300여 명이
요리사들이다.

　종업원들이 주문을 받아오면 주방의 가장 낮은 서열인 5열
에게 주문표가 넘겨진다. 5열은 주로 신참들이 있는 라인으로
채소 손질이나 해산물 다듬는 일과 재료 준비를 맡는다. 그들
은 벽에 붙여진 우롱카이의 매뉴얼, 즉 어떤 요리에 어떤 재료
가 몇 그램 들어가는지가 적혀있는 표에 따라 신속하게 재료를
준비한다. 수백 가지 요리를 한꺼번에 주문받아도 신속하게 재
료를 준비할 수 있도록 표준화시켰다.
　4열은 채소를 써는 담당이다. 4열보다 경력이 더 오래된 3열
은 가격이 비싸고 썰기 어려운 고급 식재료인 고기와 해산물을

담당한다. 3열이 최종적으로 넘겨진 요리 재료를 2열에게 넘기면 2년 차 이상의 예비 요리사들인 2열은 빠진 재료를 체크하고 본격적 요리를 하기 위한 준비를 해 놓는다. 2열은 본격 요리사인 1열이 요리할 때 필요한 모든 것을 보조한다.

1열은 요리의 고수들이다. 3열부터 몇 년을 거쳐 오면서 재료와 양념, 요리법 모두를 머릿속에 꿰고 있다. 1열이 요리를 마치면 2열은 신속하게 요리를 장식해 가져갈 수 있는 상태로 놓는다. 서빙 담당은 가져가는 동안 식지 않게 뚜껑을 덮은 상태에서 종종 걸음으로 손님에게 달려간다. 주문담당 주임은 요

우롱카이 사장은 식당의 매뉴얼을 만들어 주방의 체계화, 신속화를 시도했다.

리가 나가고 있다는 것을 테이블 담당에게 알려준다.

우 사장은 이런 체계적 시스템과 표준화된 매뉴얼을 통해 음식의 맛을 지켰다. 이런 정교한 시스템을 만든 덕택에 결혼 하객 같은 단체손님의 주문이 들어와도 빠르게, 균일한 품질을 유지하며 대량의 음식을 손님에게 서빙하는 것이 가능해졌다. 또 대형식당의 특성을 살려 한꺼번에 100가지 이상의 다른 주문이 들어와도 서로 다른 여러 요리를 만들어내는 것이 가능해졌다.

우롱카이는 '왕거위춘'을 정상궤도 위에 올려놓았다. 그는 4개의 대형식당을 더 개업하면서 30대 중반에 이미 식신폭발호의 대열에 합류했다. 하지만, 그는 멈추지 않았다. 실패해 본 경험이 있었기 때문에 언제든 망할 수 있다는 공포가 늘 가슴 속에 도사리고 있다. 우롱카이는 아직도 항상 메모지를 들고 다닌다. 잠잘 때도 머리맡에 메모지를 두고 잔다. 새로운 요리메뉴가 생각나면 벌떡 일어나 메모를 한다. 날이 밝기를 기다려 그 요리를 직접 만들어 보고 맛을 본다. 왕거위춘에서는 한 달에 50여 가지의 새로운 요리들이 탄생한다.

그는 정상에 오르는 것보다, 정상의 자리를 지킨다는 것이 더 어렵다는 것을 잘 알고 있다.

"기업의 규모가 얼마나 큰지가 아니라, 생명력이 얼마나 긴지가 더 중요합니다. 저의 염원은 우리 식당이 100년 노점(老店)이 되는 것입니다. 이것이 제일 큰 염원입니다."

요리천재 린윈젠

왕거위춘의 수석 주방장 린윈젠(32세)은 젊은 요리 천재다. 전국 요리대회에서 상을 휩쓸었고, 2006년에는 광둥성 10대 요리사에 뽑혔다. 그는 왕거위춘에서 맛의 책임자이다.

그는 뛰어난 요리사가 가져야 할 덕목을 모두 갖추고 있다. 누구보다도 손이 빠르고, 맛을 기억하는 뛰어난 미각과 일정한 맛을 내는 능력, 무엇보다 요리의 화룡정점이라 할 수 있는 뛰어난 장식 능력도 가지고 있다. 그는 18살 때부터 요리를 시작했다.

"집이 가난해서 공부를 많이 하지 못했습니다. 그래서 저의 누나가 저에게 식당에 가서 요리 견습생을 해 보라고 했습니다. 요리를 하면 최소한 밥은 굶지 않을 것이다, 또 네가 먹어 보지 못한 맛있는 것들을 많이 먹어 볼 수 있을 것이라고 했어요."

처음 취직한 곳이 우 사장이 첫 개업을 했던 식당이었다. 당시 린 주방장은 견습생이었기 때문에 식당 밑바닥에서부터 일을 배웠다. 린의 장점은 무엇보다 눈과 손이 빨랐다. 일처리 능력도 탁월했다. 그때부터 우 사장과 린윈젠 주방장은 한배를 탔다. 식당이 두 번 망하고 다시 일어서면서 우 사장과 린윈젠은 함께 울고 웃었다. 하지만 그때까지만 해도 린윈젠의 요리 솜씨는 뛰어나지 않았다고 한다.

어느 날, 식당의 메뉴에 대대적 혁신을 하면서 우 사장은 유명한 요리사를 고문으로 초빙해왔다. 그때 린 주방장은 스폰지가 물을 흡수하는 것처럼 요리의 기술을 습득했다고 했다. 식당 가장 밑바닥 주방보조부터 시작한 그는 10년 만에 총주방장 자리에 올랐다.

식당 뒤켠에는 직원들의 숙소가 있다. 린 주방장은 이곳 숙소에 산다. 그의 방안은 침대 한 칸, 낡은 컴퓨터 한 대가 놓여 있다. 들어서자마자 눈에 들어온 것은 벽 가득히 도배돼 있는 물고기 사진들이다. 이유인즉, 광둥요리는 해산물 요리가 많고, 그중에서도 생선요리는 가장 고도의 요리법을 요구하기 때문에 그 물고기의 특성을 아는 것은 요리사에게 아주 중요하기 때문에 시간 날 때마다 수시로 이름과 특성을 외우고 있다고 했다.

비록 그는 학교 다닐 시기를 놓쳤지만, 아직 젊기 때문에 혼자 열심히 독학을 하고 있다고 했다. 하지만, 공부를 많이 하지 못했다는 것은 두고두고 미련으로 남는다고 했다.

"예를 들면 소다와 식초는 같이 넣을 수 없습니다. 그 둘은 화학반응을 하잖아요. 이런 것은 공부를 하지 않으면 알 수 없는 것들입니다. 배우지 못한 것이 늘 한스럽죠."

그는 제2의 우롱카이를 꿈꾸고 있다.

가난하고, 배고팠고, 배우지 못했던 결핍은 되돌아보면 그의 성장의 원동력이 되어 주었다. 그는 배를 곯지 않기 위해서 닥치는 대로 일을 했고, 배우진 못했지만 요리에서만큼은 최고가 되고 싶은 열망에 밤잠을 잊고 요리를 만들고 또 만들었다. 총주방장이 된 지금은, 우롱카이 사장으로부터 직원관리와 경영을 어깨너머 배우고 있다. 그는 아직 폭발호가 된 것은 아니지만, 꿈을 향한 그의 노력과 정열만은 폭발적이었다.

"손님이 음식이 맛있다고 인정해 주면 요리사는 기쁩니다. 손님이 음식이 맛이 없다고 하면 요리사는 감사해야 합니다.

위 / 젊은 요리천재 왕거위춘의 수석 주방장 린윈젠(오른쪽).
아래 / 린윈젠(왼쪽)은 중졸학력이 전부이지만, 300여 명의
요리사들을 관리하는 왕거위춘 주방의 수장이다.

왜냐하면 손님의 입맛이야말로 가장 편견 없는 평가이고, 더 배우라는 뜻이니까요."

내가 그를 처음 만난 것이 그의 나이 스물여덟 살 때. 하지만, 그의 어른스러움과 뿜어져 오는 카리스마는 그가 보통 요리사가 아니라는 것을 짐작하게 해 주었다.

어느 날 아침, 촬영 때문에 간부 요리사들의 회의에 참석한 적이 있었다. 분위기는 살벌했다. 힘든 중노동 때문에 여기저기서 너무 힘들다, 쉴 시간을 좀 달라는 불평들이 쏟아져 나왔다. 하지만, 언제 폭발할지 모르는 간부급 요리사들을 린 주방장은 확실히 장악하고 있었다.

"무슨 말들이 이렇게 많아! 불만이 있으면 사표 내!"

회의는 속전속결로 끝이 났다. 아무도 린 주방장의 권위에 도전하지 못한 채 입을 다물었다. 그가 직접 관리하는 중견 요리사가 120명. 모두에게 만족을 줄 수는 없다. 그건 환상이라고 그는 말했다. 그는 그렇듯 자신에게도 타인에게도 엄격했다.

회의가 끝나자 젊은 총주방장 린윈젠은 주방을 향해 걸어 나갔다. 뒷모습조차 흐트러지지 않은 채로.

식신을 꿈꾸는 아이들

아침 9시, 린윈젠 총주방장의 아침조회를 시작으로 왕거위춘 300여 명의 요리사들의 하루가 시작된다. 위생, 청결, 신속, 정확을 강조하는 린 총주방장의 연설이 끝나면 모두들 일사불란하게 자신의 자리로 돌아간다. 우롱카이 사장의 주방 설계에 따라 요리사들은 모두 다섯 열로 나뉜다. 오전시간은 각자의 맡은 역할에 따라 요리 재료들을 준비한다.

주방의 서열은 엄격하다.

요리사가 되는 과정을 촬영하기 위해 왕거위춘 주방에서 죽친 지 벌써 일주일째. 유난히 요리사들에게 혼쭐이 나고 있던 한 청년이 눈에 띄었다. 나이가 훨씬 더 어려 보이는 요리사들도 그에게 잔심부름을 시키거나, 동작이 느리다고 혼을 냈다. 하지만, 유난히 나의 시선을 사로잡은 것은 고참들의 모진 구박과 박해에도 늘 웃음을 잃지 않는 그의 태도였다. 그는 스물한 살의 리따스(李大使)였다. 들어온 지 6개월. 남들보다 출발이 느려서 아직 신참이다. 같은 또래들은 이미 2열까지 진급해 있다. 어쩔 수 없다. 나이보다 짬밥이다.

오전 11시부터 손님들이 들이닥치기 시작하면, 주방은 전쟁터로 변한다. 고함소리, 독촉소리, 혼내는 소리, 300여 명의 요리사들이 일사불란하게 움직이는 소리, 막내 신참들의 뛰어다니는 소리, 거기다 요리 볶는 소리들까지 뒤섞여 정신이 없다. 마치 불철판 위의 개미들 같다. 보통 한 명의 요리사가 하루에 200~300개의 요리를 만들어낸다.

주방이 조용해지는 시간은 오후 2시부터 4시까지. 요리사들의 점심시간이자 달콤한 휴식시간이다. 이 점심시간에 리따스를 따라가 보았다. 지칠 만도 한데 여전히 해맑게 웃는 얼굴이다.

리따스는 고향에서 새우양식 일을 하다가 왕거위춘에 취직했다고 했다. 식당 뒤편에 대학기숙사 규모의 숙소가 있지만 800여 명의 종업원들이 생활하기 때문에 늘 자리가 잘 안 나서 식당 바로 건너편에 자취방 하나를 얻었다고 했다. 자취방에 가서 인터뷰를 할 수 있느냐고 묻자 흔쾌히 허락했다.

그의 자취방에 들어서자마자 방문이 열리며 우르르 한 무리의 소년들이 들어왔다. 그의 사촌동생들이라고 했다. 광시성에서 새우양식을 하다가, 좀더 큰 꿈을 이루기 위해 도시로 건너온 길이었다. 스물한 살인 리따스가 큰 형이었고, 어린 동생들까지 돌봐야 해서 어깨가 무거워 보였다. 한 달 월급은 1,200위안(약 21만 원). 밥이야 식당에서 해결하니 방값만 내고 나머지는 고향에 보낸다고 했다.

이들이 가장 기다리는 시간은 오후 2시부터 4시까지의 휴식시간. 10대 후반인 사촌동생들은 주방모자에 짓눌렸던 머리를 무스로 공들여 세우고, 한껏 멋을 내서 밖으로 나간다. 나가 봤자 특별히 유흥가도 없고 오후 4시까지는 주방에 복귀해야 한다. 그래도 소년들은 무작정 밖으로 나간다. 식당 주방이 아닌

리따스(21세)는 고향에서 새우양식
일을 하다가 사촌동생 4명을 데리고
왕거위춘에 요리사로 들어왔다.

곳이면 어디든 좋다.

동생들이 우르르 자취방을 빠져나가면, 리따스는 혼자 기타를 치거나, 음악을 들으면서 시간을 보낸다. 광시성이 고향인 올해 스물한 살의 청년. 대부분의 요리사들이 그렇듯 리따스도 중학교만 졸업하고 생활전선에 뛰어들었다. 특출한 기술도, 인맥도 없는 청년에게 요리사가 되는 길은 가장 실현 가능한 일이었다. 대도시의 대형식당에서 경험을 좀 쌓으면, 고향에 돌아가 작은 식당을 차릴 수 있다. 작은 식당은 더 큰 식당이 될 것이고, 그렇다면 우롱카이 사장이 그랬듯이 리따스도 식신폭발호가 되지 말라는 법이 없다. 그래서 그는 그날을 위해 모든 것을 참아야 한다고 말했다. 코딱지만 한 단칸방에서 동생들과 칼잠을 자도, 고참들에게 국자로 얻어맞더라도.

그의 황금 같은 휴식시간을 많이 뺏는 것 같아 자취방을 빠

중학교만 졸업한 중국 농촌의 소년들은
요리사의 꿈을 안고 대도시의 식당으로
들어와 주방보조부터 오랜 수련과정을
거쳐 요리사가 된다.

져나왔다. 오전 내내 선배들에게 시달리던 그의 모습을 나는
기억하고 있었다. 다시 또 오후 4시부터 밤 9시까지 5시간 동
안의 더 바쁜 시간들이 기다리고 있다. 쉬게 해 주어야 한다.

모두들 지친 몸을 달래는 시간, 불 꺼진 텅 빈 주방의 모습을
찍기 위해 촬영팀을 데리고 주방으로 들어선 나는 깜짝 놀랐
다. 빈 주방에서 누군가의 그림자를 발견했다. 어둠 속에서 한
요리사가 뭔가를 하고 있었다.

"거기서 뭐해요?"

그림자는 계속 어둠 속에서 무언가를 하고 있었다.

"이렇게 어두운데 뭐가 보여요?"

내가 다시 물었다.

"보여요."

나는 가까이로 다가갔다. 그는 고기와 채소를 썬 접시를 들고
있었다. 열아홉 살 소년 천쯔빠를 그렇게 극적으로 만났다. 그
는 쉬는 시간을 이용해 혼자서 요리연습을 하고 있었던 것이다.

"사부가 요리하는 것을 보고 혼자서 연습하고 있어요."

모두들 기숙사에서 단잠에 빠져 있을 시간, 그런데도 그 피
곤을 참아가며 혼자 요리연습을 하는 이 소년을 방해하고 싶
지 않아서 뒤에서 조용히 지켜보고 있었다. 소년은 요리를 다
만들더니 접시를 들고 어디론가 발길을 옮겼다. 우리는 재빨리
그를 따라갔다. 그가 찾아간 곳은 1층 주방. 그의 사부인 고참
요리사가 당직을 서고 있었다. 그의 요리를 맛본 사부 이린첸
(24세)의 평가는 가차 없었다.

"돼지고기가 짜. 먹어 봐. 밑간은 짜고 야채에는 70%밖에 간
이 안 스며들어갔어."

"사부! 먹을 만은 해요?"

사부가 대답 대신 고개를 끄덕였다. 천쯔파의 얼굴이 활짝 개었다. 돌아오는 길, 소년은 연신 싱글벙글했다. 먹을 만하다는 사부의 말을 처음 들었다는 것이었다.

"기뻐요. 자신감이 조금 생겼어요. 실력이 조금 는 것 같아요."

천쯔파, 그는 2열, 요리사 보조다. 광저우에서 11시간 떨어진 쟌시가 고향이다. 설거지부터 시작해서 야채 다듬기, 탕 끓이기 6개월, 칼질 8개월을 하고 2년 만에 주방보조가 되었다. 보조일을 하다 보면 직접 프라이팬을 잡을 시간이 없다. 어깨너머로 요리를 보고 외우는 것만으로는 한계가 있다. 중국요리는 생각보다 훨씬 더 많은 실전연습이 필요하기 때문이다. 대부분의 보조 요리사는 뒤에서 몇 년을 바라보며 먼저 머리로 요리법을 익히게 된다. 그러나 그것은 손으로 배우는 것과는 다르다. 그렇다면, 과연 요리를 잘한다는 것은 무엇일까.

나는 하나의 제안을 했다. 하나의 요리를 각각 경력이 다른 요리사들에게 만들어 보게 하는 것이었다. 그 결과물을 보면 그 해답을 얻을 수 있을 것 같았다. 경력 5년 차인 1열 왕광차이(23세)와 경력 2년 차인 천쯔파(19

천쯔파는 콩나물 다듬는 것부터 시작해서 지난 2년 동안 열심히 요리를 배웠다. 스스로 고참들이 하는 요리를 어깨너머로 배워 요리노트를 만들어가며 요리사의 꿈을 키워왔다.

세), 그리고 6개월 된 신참 리따스(21세)가 시연에 참가했다. 요리는 숙주나물 돼지고기 볶음. 신호와 동시에 세 요리사가 요리를 시작했다.

경력에 따라 프라이팬을 움직이는 손놀림이 다르다. 2년 차는 아직 손놀림이 어색하고 2개월 차는 가마에 불도 붙이지 못한다. 경력 순서대로 요리가 완성됐다. 얼핏 보기엔 비슷해 보이지만, 이 세 개의 요리는 서로 확연히 달랐다. 2개월 차는 양념이 아예 스며들지 않았고, 2년 차는 스며들다 말았고, 5년 차는 양념과 볶는 시간이 맞아떨어져 숙주나물이 하얗게 윤기가 난다. 순간적인 프라이팬의 시간 조절에 따라 양념이 배는 정도와 재료의 신선함이 결정된다. 맛에 있어서도 모두들 5년 차의 그것이 목표를 받았다. 오직 실전연습만이 선배의 맛을 따라잡을 수 있다는 것을 모두들 알고 있다. 그러나 이 정도 수준까지 오려면 대개 몸에 훈장이 여럿 달린다.

대부분 1열의 요리사들의 손등과 손에는 기름에 덴 자국과 화상은 기본이다. 하루 평균 혼자서 100~200개의 요리를 만들기도 하고, 손님이 많을 때는 300개까지 만들어야 하는 날도 있다. 무거운 프라이팬을 계속 흔들면, 손바닥에는 마디마디 굳은살이 박인다. 이렇게 굳은살로 다 뒤덮여야 겨우 요리사 소리를 들을 수 있다.

1차 취재를 마치고 돌아왔는데, 한 달 뒤 천쯔파에게 연락이 왔다. 드디어 1열로 승진을 하게 됐다는 소식이었다. 우리는 다시 광둥성으로 향했다.

천쯔파가 첫 가마를 잡는 날. 이 식당에 들어온 지 2년째 되는 날이었다. 중국식 프라이팬을 뜻하는 '가마'를 잡는다는 것

왕거위춘의 제1열, 고참 요리사들.
대부분 22~23세이다. 그들의 손에는
무거운 프라이팬을 들었던 군살이
박혀있다.

은 정식 요리사가 됐다는 뜻이다. 모든 요리사들에게 이날은
평생 잊지 못할 순간으로 남아 있을 만큼 특별한 날이다.

　왕거위춘에 도착했을 때, 천쯔파의 볼은 한껏 상기돼 있었
다. 홀로 오랫동안 연습해왔다. 사부님의 어깨너머로 배우고,
재료를 외우고, 숙소에서 메모하고, 남들 쉬는 시간에 홀로 주
방에서 연습하고 또 반복하며 이날을 기다려온 그였다. 그렇게
서고 싶었던 1열의 자리, 그렇게 고대하던 가마를 드디어 잡게
된 날이 오늘이다.

　오전 11시 전쟁의 신호탄이 터졌다. 여기저기서 주문을 외치
는 소리가 터져 나온다. 천쯔파에게도 주문용지들이 몰려든다.

준비와 실전은 확실히 달랐다. 불가마 앞에서 천쯔파는 당황한 기색이 역력했다. 특히 양념을 뜨는 손과 불가마 프라이팬을 잡은 손이 자주 엉켰다. 보다 못한 사부가 달려왔다.

"간장 반만 덜어내. 비벼 비벼! 아니 흔들지 말고 국자로 비비라니까! 그래야 면발이 부드러워지는 거야."

주문이 밀려오면 열 개 이상의 요리를 연이어 만들게 된다. 뜨거운 열기에 지치고, 가마의 무게에 눌리면 속도가 느려진다. 조금이라도 속도를 못 맞추면 가마 속의 재료가 타기 시작한다. 보다 못한 선배들이 도와주지만 이미 가마 잡을 수준이 아니란 것을 온 주방에 알린 셈이다.

긴 하루였다. 기숙사로 향하는 그의 발길이 조금 휘청거렸다.

"피곤합니다. 좀 흥분했던 것 같아요 … 채소를 볶을 때 … 아직도 속도가 너무 느려요. "

피곤한 밤, 천쯔파는 2년 동안 혼자 힘으로 꼼꼼히 기록해온 요리 노트를 펼친다. 대부분 고참 요리사들의 어깨너머로 순서와 재료를 외워서 기록한 것들이었다. 그 누구도 그에게 가르쳐 주지 않는다. 그것이 요리사의 세계이다. 하지만, 앞으로 나아가려면 머물러 있을 수 없다. 그것이 세상이고 현실이다. 이제 열아홉 살 난 이 소년은 스스로 진보하지 않는다면 오래도록 이 뜨거운 주방 안에서만 갇혀 있게 될 것임을 안다.

NOTE 꿈꾸는 소년들

'왕거위춘'에서 그들과 함께 보낸 한 달. 식신을 꿈꾸는 소년들은 하루 열 시간 이상씩 전쟁터 같은 주방에서 하루를 보냈다. 그들은 늘 잠이 부족했지만, 지각을 하면 벌금 20위안(3,500원)씩을 내야 하기 때문에 늦잠을 자는 건 상상도 할 수 없는 일이었다. 이들 1~2년 차 주방보조의 한 달 월급이 겨우 1,200위안(21만 원) 정도였다.

그러나, 한 달 동안 지켜본 결과 이들이 가장 참기 어려운 것은 음식 냄새였다. 요리사들의 세끼 식사는 식당에서 제공한다. 대부분 간단한 가정식 볶음요리 두 가지에 밥이 전부다. 한창 성장기의 소년들에게 밥은 늘 부족하다.

그들이 하루 종일 해야 하는 일은 자신들이 먹어 보지 못한 고급요리들이다. 광둥요리의 대표요리인 '카로루주'는 젖을 막 뗀 새끼돼지를 훈제한 요리이다. 찜통 속에는 토마토 속에 온갖 양념을 한 전복이 뜨거운 김을 뿜으며 익고 있다.

이렇게 온갖 휘황찬란한 요리들을 만들고, 냄새를 맡다 보면, 절로 군침이 돌게 마련이다. 하지만, 기필코 그 유혹을 뿌리쳐야 한다. 주방 곳곳에는 '음식에 손을 댈 경우 엄벌에 처한다'는 문구가 붙어 있었다. 요리사들에게 살짝 물어봤더니, 적발 즉시 쫓겨난다고 했다.

저녁에 나는 요리사들 몇몇을 밖으로 불러냈다. 근처의 작은 식당으로 가서 먹고 싶은 요리를 마음껏 시켜 보라고 했다. 소년들은 그리 비싸지 않은 가격의 요리인데도 몹시 주저하며 서로에게 미루기만 했다. 내가 '왕거위춘'에도 있는 가장 기본적인 요리 몇 가지를 시켰다.

음식이 나오자, 재미있는 풍경이 펼쳐졌다. 그들은 요리의 맛을 하나하나 꼼꼼히 보더니 "이것은 덜 볶아졌다", "저것은 간이 덜 뱄다", "이 요리는 불의 온도가 너무 낮은 상태에서 볶았다"는 등 분석을 시작했다. 그 모

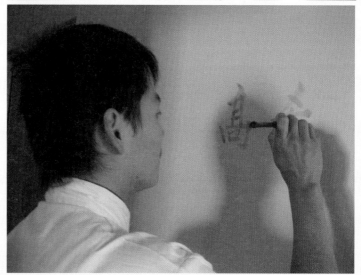

습이 무척 진지해서 나는 가만히 지켜만 보았다. 내가 젓가락을 들지 않고 있자 그들이 내 눈치를 보더니 "이제 먹자!"고 소리쳤다. 말이 끝나기가 무섭게 소년들은 요리 접시를 싹싹 비워내기 시작했다. 고향 떠나 이곳에 와서 처음으로 바깥 식당에서 먹어 본 요리라고 했다.

한 달 동안의 취재를 마치고, 그들과 헤어지던 날.

"누나, 우리는 반드시 성공할 거예요. 그때까지 꼭 기다려 주세요."

총주방장의 눈치를 보느라 바깥까지 배웅을 못한 아이들은 아쉬운 눈빛으로 자신들의 위치에서 손을 흔들었다.

이것을 인연으로 베이징으로 건너온 이후에도 나는 자주 그들과 통화를 하고 휴대폰으로 문자를 주고받았다.

1년 뒤, 리따스의 사촌동생 4명은 광저우의 다른 공장으로 떠났다고 했다. 리따스 혼자 자취방에서 생활하고, 천쯔파는 여전히 독하게 혼자서 요리연습을 하고 있다고 했다.

그해, 크리스마스. 나는 '왕거위춘'의 5명의 요리사들에게 한국노래를 담은 MP3를 소포로 보냈다. 유난히 한국드라마와 노래에 관심이 많았던 그들이었다.

그리고 다시 1년이 지났다.

이제 '왕거위춘'에는 나와 친하게 지냈던 10명의 요리사들 중에 두 명만 남았다. 리따스와 천쯔파 둘이다.

그들은 아직도 MP3에 담긴 한국노래를 들으며 지친 심신을 달래고, 나를 생각한다고 했다. 조만간 광둥성으로 내려가 신곡 파일로 바꿔 주겠다고 약속했지만, 그 약속은 3년이 지나도록 지키지 못하고 있다.

망한 식신, 허싱민

하지만 누구나 모두 성공하는 것은 아니다.

베이징 외곽의 허름한 아파트. 쓰촨요리의 대가인 허싱민(何兴民, 41세)이 산다. 그는 홍콩의 식신 따이룽(戴龙)의 제자로 주성치 주연의 영화 〈식신〉(食神)에서 요리하는 식신 주성치의 손 대역을 맡기도 했다. 그의 대표요리는 생선의 몸통은 잘 익히고 생선머리는 살아 있게 하는 '반생어 요리'다.

요리사로 산 지 22년. 그는 요리사로서 받을 수 있는 상은 다 받았다. 그가 자신의 안방 장롱에서 꺼낸 보따리에는 각종 메달과 상장으로 가득 차 있었다. 메달을 모두 목에 걸면 목이 부러질 정도이다. 현재 그가 맡고 있는 요리관련업계 직함도 이루 헤아릴 수 없을 정도다.

하지만, 그는 요즘 인생의 가파른 구릉을 오르고 있다.

그는 자신의 요리솜씨를 밑천으로 10여 년 전 베이징에서 식당을 차렸다가 1년도 못돼서 쫄딱 망했다. 규모가 $400m^2$ 면적에 1년 임대료가 36만 위안(6,300만 원)이나 되는 대형식당이었다.

"그때 확실히 충동적이었습니다. 그때 저는 총주방장이었고, 기술적인 면에 있어서 아주 잘 알고 있다고 생각해서 저지른 일인데 … 결국 망했습니다."

식신 허싱민. 그는 요리사로서
받을 수 있는 상은 모두 수상한
최고의 요리사이다.

　야심차게 문을 연 식당이었다. 하지만, 식당 문을 열자마자,
바로 옆에 더 큰 고급식당이 문을 열었다. 한정된 손님을 나눠
먹는 격이었다. 경쟁은 손실을 가져왔다. 먼저 손을 든 것은 허
싱민이었다.

　"제가 문을 닫고 얼마 지나지 않아 그 식당도 문을 닫았습니
다. 그때 그 식당을 다른 요리사에게 넘겼는데, 놀랍게도 그 사
람은 대박이 났습니다. 이런 걸 운(運)이라고 하는 거겠죠."

그는 몇십만 위안을 다 날렸다. 호텔 총주방장으로 일하면서 받은 월급과 출장요리까지 하면서 모아 놓은 돈이었다.

망하고 10년이 다 되어가지만 그는 다시 재기해서 자기 식당을 차리지 못했다. 중국 내에서 몇 손가락 안에 드는 쓰촨요리사였던 허싱민. 그가 최고의 요리솜씨를 가지고도 망할 수밖에 없었던 이유는 무엇일까? 중국의 유명한 요리평론가인 캉유웨이는 말한다.

"베이징은 발전이 아주 빠릅니다. 베이징에서만 공상국에 신고하는 식당 수가 하루에 20개입니다. 그 가운데 문 닫는 식당이 10개가 넘습니다. 전국으로 치면 몇천 개의 식당이 문을 열고 또 몇천 개의 식당이 문을 닫는 거죠."

요리사 허싱민은 승승장구했다. 하지만, 식신폭발호의 꿈을 꾸던 그 순간부터 인생의 시련이 찾아왔다. 식당의 실패는 그를 빈털터리로 만들었고, 재기할 기력마저 앗아갔다.

그는 다시 요리사로 돌아왔다. 요즘 그의 일과는 다른 식당으로 매일 출근하는 것. 이곳에서 자기 이름을 내세운 요리를 팔고 주방에서 요리강습 및 자문을 해주고 있다. 하지만, 아직도 그는 식신폭발호의 꿈을 포기하지 않았다.

"저는 요리하는 것을 좋아하고, 그래서 아주 힘든 순간들을 버텼습니다. 그렇게 지나온 겁니다. 제가 풍족한 경험을 축적한 뒤에는 재력과 물력, 천시지리인화(天時地理人和)일 때 저도 그렇게 될 것입니다. 그런 날이 있을 거라고 믿습니다."

지금 중국은 한 달 뒤의 풍경이 낯설 만큼 급격한 경제발전의 단계에 있다. 이 단계에서 천대받던 하층계급이었던 요리사들이 '식신폭발호'라는 이름의 새로운 신흥부자로 등장하고 있

요리실력만 믿고 식당을 개업했다가
전 재산을 모두 날린 허싱민.
그는 다시 재기를 노리고 있다.

다. 이 과정에서 치열한 경쟁이 일어난다. 요리사 출신 사장들은 식당 존폐가 걸린 생존경쟁을, 요리사가 되려는 가난한 소년들은 자신의 인생이 걸린 성장통과 같은 경쟁을 겪는다. 제자리에 머무는 것을 허용하지 않는 냉혹한 경쟁. 그러나 이 경쟁을 통해 요리왕국의 영토는 더 넓고 깊어진다.

職

Zhí

일곱 벌의 내복

월

화

수

시간의 매듭마다 켜켜이 쌓이는

세상의 때

목

금

토

누런 이를 드러내는

시간의 더께

일

표백하지 못한 너를 안고

다시 월

중국 7개의 칼라

"밤낮없이 5일 동안 일한 뒤엔 이틀간 잠만 자게 해 달라."
"심장이 터지도록 울고 싶다."

상하이 화이하이 거리에 화이트칼라 수천 명이 몰려들었다. 그들은 거리에 스트레스를 호소하는 글귀를 적은 벽보를 붙이며 가두행진을 했다. 〈둥팡짜오바오〉(東方早報)의 보도에 따르면 이들은 '사무실 스트레스 줄이기' 캠페인에 참가한 화이트칼라 근로자들이었다.

장레이 중국사범대(華師大) 심리학 박사에 따르면 최근 중국 대도시의 화이트칼라인 바이링(白領) 계층에서 '사무실 스트레스 증후군'이 보편적으로 발견된다고 한다.

사실 1990년대 초까지만 해도 중국 젊은이들의 꿈은 '바이링'이라는 말을 듣고 빌딩 숲 사이를 누비며 의식주에 걱정이 없는 풍요로운 생활을 누리는 것이었다. 하지만, 이제 현실은 그렇지 않다.

- 월급 2만 위안(350만 원) 이상
- 꾸준한 체력관리
- 최소 방 2개 이상의 주택 소유

- 15만 위안(2,625만 원) 정도의 자동차 소유
- 고정적 모임을 갖는 친구 및 커뮤니티 있음
- 9시 출근 5시 퇴근
- 충분한 여가시간
- 독특한 자기만의 오락
- 저탄소 친환경 생활
- 좋아하는 명품 소유

최근 〈2012년 중국 신 바이링의 10가지 기준〉이라는 글이 인 터넷에 오르면서 직장인들로부터 큰 이슈가 된 적이 있다. 이 글은 순식간에 18,090명이 리트윗하는 등 뜨거운 관심을 모았 다. 하지만 곧바로 반격이 쏟아졌다. 그것이 중국 바이링의 기 준이라면 과연 그 기준에 속하는 사람이 얼마나 되겠느냐는 비 난들이었다.

논란이 계속되자, 한 언론사가 실제로 조사에 들어갔다. 그 결과, 단지 5%의 네티즌들이 2만 위안의 수입이었고, 6%가 2,700만 원 정도의 차를 가지고 있었으며, 가장 많은 득표수를 차지한 항목이 '고정적인 친구 및 커뮤니티'로 14%, 이 10가지 조건에 모두 부합하는 사람은 겨우 3%에 불과한 것으로 조사 됐다.

이렇듯, 1990년대 초기까지만 해도 화이트칼라, 즉 바이링은 사람들이 선망하는 계층이었다. 하지만, 20년이 지난 지금 상 황은 달라졌다. 화이트칼라와 블루칼라의 소득격차는 갈수록 줄어들었고, 중국의 WTO 가입과 중국 경제성장에 따라 외자 기업에 다니는 '골드칼라'(金领)가 다시 각광받기 시작했다. 하지만, 남들의 부러움을 샀던 골드칼라는 세계 금융위기를 맞으면서 그 가치가 대폭 하락하게 되었다. 고소득과 삶의 품격을 누리던 생활이 하루아침에 바닥으로 추락할 수 있다는 것을 알게 된 것이다. 다시 사람들의 눈은 안정적인 것을 찾기 시작했다. 그리고 마침내 안정적 계층인 '레드칼라'(紅領) 쪽으로 눈을 돌리게 됐다. 레드칼라는 중국 공산당과 공무원을 상징한다.

최근 중국 언론에서 분석한 중국의 직업별, 계층별 구분을
토대로 중국의 7개의 직업계층을 분석해 보고, 시대에 따른 선
호도와 이를 통해 급변하는 중국의 단면을 바라보았다.

화이트칼라 ― 조금의 기쁨, 조금의 근심(多少喜欢多少愁)

중국에서 화이트칼라(白領, 바이링)의 성격이 규정된 것은 개혁
개방 이후이다. 이들은 고소득을 바탕으로 끊임없이 새로운 유
행을 찾아다니고, 자신을 치장하고 꾸미는 것을 통해 삶의 질
을 추구한다. 이들은 버는 만큼 쓴다. 하지만 사람은 만족을 모
르는 동물이다. 하여, 이들의 고소득에 대한 욕망은 날이 갈수
록 높아져만 간다.

중국의 언론들은 바이링의 특징을 '늘 있던 밭에서 가서 늘
똑같은 노동을 쏟고 오는 사람들'이라고 정의한다. 그들은 도
전하는 것을 두려워하고, 자신의 가치가 떨어지면 실직의 위기
가 온다는 것을 안다. 그래서 화이트칼라의 가장 큰 고민은 실
직에 대한 두려움이다.

한 언론이 〈중국 화이트칼라의 현실과 이상〉에 대한 조사를
했는데 30만 명이 삶의 갈증을 느끼고 있었다. 2010년 기준으
로 월수입 1만 위안 이상의 화이트칼라 중에서 34%가 시간이
없어서 운동을 못했고, 월수입 5천~7천 위안의 사람들 중 겨
우 14%가 종종 운동을 한다고 했다. 그 외에도 이미 결혼한 화
이트칼라 중 5년 뒤 계속 맞벌이를 하는 부부의 비율은 22%
로, 이들은 심신이 피로해서 감히 아이를 낳을 생각을 못한다.

그들은 도피하고 싶은 마음과 스트레스 속에서도 줄곧 회사에서 잘리지 않을까, 자신의 업무에 발전이 없을까, 다른 사람이 자신을 뛰어넘지 않을까, 경쟁에서 밀려나지 않을까 늘 걱정한다. 오랫동안의 정신과 지식의 방전으로 이들은 충전의식이 굉장히 강하다. 그래서 90%의 사람들이 평생 공부해야 한다고 생각한다. 잘리지 않기 위해 필사적으로 일하기 때문에 건강에는 적신호가 켜진다. 건강검진을 한 12만 명의 바이링 중 85%가 건강에 이상이 있는 것으로 조사됐다.

조금의 기쁨과 조금의 근심을 안고 살아가는 사람들, 우리와 그리 별반 다를 바 없는 그들이 중국의 바이링들이다.

골드칼라 — 타인의 부러움, 타인의 염려(让人崇拜让人忧)

'화려한 말과 금장식이 된 가죽옷'(五花马 , 千金裘).
높은 지위와 권력을 가진 중국의 '골드칼라'(金领, 진링)를 상징하는 말이다. 하루 평균 10시간 정도 일하고, 영어를 사용하고, 대략 100만 위안(약 1억 7,500만 원) 정도의 1년 예산 집행권을 잡고 있다. 계절마다 최소 한 번씩 여행을 간다. 주로 재무, 행정, 기획, 판매 등 핵심직책에 있고, 일반적으로 화이트칼라의 상급자들이다. 그들은 대부분 자동차와 집을 가지고 있고, '5险1金'(중국의 의료·교육·양로 등 5개 보험과 사회보장제도)을 들고 있다. 이것이 중국에서 '골드칼라'를 정의하는 내용이다.

2000년대 초반에는 증시가 급성장하면서 민간 기업체의 최고경영자(CEO)와 임원 계층을 뜻하는 '진링'이 큰 인기를 모았다. 이들은 평소 고임금을 받으면서, 보유하고 있는 회사 주식 가격이 급등하면 한꺼번에 큰 부를 쌓을 수 있었다. 그러나 이 직종도 2008년 글로벌 금융위기 속에 줄줄이 해고 태풍을 맞으면서 인기가 시들해졌다. 돈을 많이 벌기는 하지만 일에 있어 스트레스가 많고 건강을 해치기 쉬울 뿐만 아니라, 언제 해고될지 몰라 불안정하다는 것이다. "황금이 아니라 도금"이라는 우스갯소리도 나오고 있다. 그래서 이들은 타인의 부러움을 받는 동시에 타인의 걱정과 염려를 동시에 받는 사람들이다.

핑크칼라 — 시간은 자유, 수입은 구속

핑크칼라(粉领)는 짙은 화장을 하고, 컴퓨터와 전화, 팩스 등을 이용해서 자택 근무하는 자유직업 계층을 말한다. 그들은 작가, 광고 · 의상 디자이너, 수출입 무역업 종사자 등 정신노동자(食脑)들이다. 이들은 고학력의 젊은 층으로 개성을 추구하는 특징이 강하고, 대부분이 여성들이기 때문에 '핑크칼라'라고 부른다.

중국은 맞벌이 부부가 많다. 하지만, 중국이 경쟁사회로 진입하면서 판도가 바뀌고 있다. 최근 젊은 여성들을 중심으로 조직의 문화와 규정을 싫어하고 복잡한 인간관계에서 벗어나고 싶어하며, 자유를 사랑하고 개성을 강조하는 여성들이 늘어나고 있다. 그래서 핑크칼라도 점차 증가하는 추세이다. 하지만, 핑크칼라의 가장 큰 특징은 능력에 따라 수입이 천차만별이라는 것, 즉 그 어떤 집단보다 빈익빈 부익부 현상이 가장 심하다는 것이다.

또, 이들은 비록 직장으로부터의 구속은 없지만 오로지 자기 자신에만 의지해야 한다. 의료보험도 보너스도 퇴직금도, 노후보험도 없다. 일단 자금이 끊기면 생활의 보장도 사라진다. 그래서 시간은 자유롭지만, 돈에서는 자유로울 수 없는 직업계층인 것이다.

그레이칼라 ― 길들여진 말을 끌고 세상 속으로

'흑마를 타고 강호로 나간다'(一匹黑马出江湖).

중국에서는 '그레이칼라'(灰领)를 이렇게 정의한다. 이들이 '그레이칼라'로 불리는 이유는 이 계층이 회색제복을 입는 기술자들이기 때문이다. 고학력의 풍부한 전문지식을 가지고 있고, 비교적 강한 손기술을 가지고 있는 이들은 현재 중국의 직장에서 가장 잘 팔리는 인재들이다. 이들은 손기술의 희귀성에 따라 몸값이 몇 배로 뛴다. 일부는 학교를 졸업하기도 전에 스카우트되기도 한다.

블루칼라 ― 육체가 곧 자본

블루칼라(蓝领)는 주로 생산노동자를 말한다. 그들은 자신의 체력을 이용해서 돈을 번다. 건축, 철강 공인, 방직여공, 가전제조 공인, 수도·전기 수리공, 인테리어 공인 등이다. 이들의 특징은 통일된 생산기술과 직업 규모를 가지고 있고 반드시 조직화된 수준이 있다.

이전의 중국은 1차 산업인 농업을 비롯해서 서비스업에 해당하는 3차 산업에도 일정한 규모의 블루칼라 군단이 존재했었다. 기술 공인은 물론, 상품판매원, 기사, 유통 운반공, 경비, 요리사, 현대 농기술 지식을 가진 농민 등이 모두 여기에 속했다.

레드칼라 ─ 황금밥통을 가진 사람들

오성홍기, 즉 붉은색은 중국정부를 상징한다. 그래서 '레드칼라'(紅領)는 중국의 공무원 집단을 말한다.

전형적인 관료사회인 중국에서 공무원은 특권층이다. 전형적인 철밥통(鐵飯碗)인 데다 정년보장은 물론이고, 다양한 복지혜택까지 누리기 때문에 최근에는 공무원이 '황금밥통'(金飯碗)으로 불린다.

2012년 3월, 중국의 공무원 수가 1천만 명을 넘어섰다고 중국의 한 언론매체가 보도했다. 2008년에 600만 명이었는데 해마다 100만 명씩 늘어나고 있다는 것이다. 경제도 어려운데 턱없이 황금밥통만 늘리고 있다는 인민들의 비난이 쇄도하자, 정부가 반박하고 나섰다. 국가 공무원국은 집계에 따르면 2008년에 659만 7천 명, 2009년에 678만 9천 명, 2010년에 689만 4천 명으로, 매년 15만 명 정도 증가했을 뿐이라고 강조했다. 설령 정부가 내세운 집계에 따른다고 해도 중국에는 국민 200명당 1명의 공무원이 존재한다.

2012년 양회에서는 공무원들이 한 해 동안 먹고 마시는 데 지출한 공금이 여론의 도마 위에 올랐다. 무려 3천억 위안(약 52조 5천억 원)이 넘었다. 〈인민일보〉는 전국에서 먹고 마시는 데 나가는 예산이 1994년 1천억 위안에서 2002년 2천억 위안, 2005년 3천억 위안으로 계속 증가했다고 보도하기도 했다. 이는 교육·위생·의료·사회보장 등 민생지출 비용 못지않은 금액이었다.

이날 전국 인민대표대회에 참석했던 예칭 후베이성 통계국 국장은 중국 공무원들의 1년 동안 공무용 식사대접에서 마시는 술의 양이 항저우 서호만큼이나 된다고 지적했다. 중국의 대표적 관광지인 항저우의 서호는 동서 길이가 3.2km, 남북 길이는 2.8km, 둘레는 15km다. 정확한 양을 측정할 수는 없지만, 서호의 크기를 빌려 공무원들의 낭비를 비꼰 것이다.

이른바 '삼공소비'(三公消費), 즉 공용차 구입 및 운행비, 해외 출장비, 공무 접대비 등의 공금의 규모는 이미 9천억 위안에 이른다는 분석도 있다. 9천억 위안은 지난해 중국의 중앙·지방 정부 총예산의 약 8%에 해당한다.

눈먼 돈이 많은 공무원들의 이런 비리가 폭로되지만, 아이러니하게도 '황금밥통'을 거머쥘 수 있는 레드칼라에 열광하는 중국 젊은이들은 더욱 늘고 있다. 해마다 공무원 시험에 목을 매는 젊은이들이 늘어나고 있는 것이 그 단적인 예이다. 중국의 공무원은 정년보장과 주택구매 자금 지원을 비롯한 다양한 복지혜택, 사회적 영향력 때문에 '신의 직장'으로 불린다. 하지만 '신의 직장'에 들어가는 것은 말처럼 쉽지 않다.

중국에서 공무원 시험을 '백리조일'(百里挑一)라고 부른다.

평균 경쟁률은 100 대 1이라는 뜻이다. 2012년 국가공무원 시험의 최고 경쟁률은 3,270 대 1에 달하기도 했다. '국가민족사무위원회 민족이론정책연구실과연관리처 주임과원 및 그 이하' 직종이었다. 그다음은 국무원 산하 조직으로 소수민족의 권익보호를 담당하는 기관인 '국가 민족사무위원회 종합처 주임과원'의 경쟁률이 3,003 대 1에 이르렀다.

| 표 6 | 중국 도시별 월평균 소득(2013)

순위	도시	평균 소득
1	상하이	7,112위안
2	선전	6,787위안
3	베이징	5,453위안
4	광저우	4,917위안
5	항저우	4,595위안
6	난징	4,460위안
7	다롄	4,364위안
8	쑤저우	4,009위안
9	청두	3,916위안
10	샤먼	3,819위안
11	톈진	3,810위안
12	충칭	3,370위안
13	우한	3,245위안
14	시안	3,237위안
15	창사	3,161위안
16	허페이	3,151위안
17	창춘	2,966위안
18	칭다오	2,940위안
19	지난	2,922위안
20	푸저우	2,861위안

출처: 2013. 5. 29, 중국 인력자원연구기관 통계자료

중국공무원 시험 고사장. '황금밥통'이라
불리는 공무원을 꿈꾸는 젊은이들이
폭발적으로 늘고 있다. 평균 경쟁률은
100 대 1. 최고 경쟁률은 3,270 대 1이다.

그러나 일각에서는 중국의 젊은이들의 공무원 시험 열풍이 앞으로 중국 경제성장의 걸림돌이 될 수도 있다는 의견들이 나온다. 우수한 인재들이 도전과 패기 정신을 발휘하기보다는 안정된 공무원으로 몰리면서 국가공무원이 중국 인재들의 거대한 무덤이 되고 있다는 것이다.

| 표 7 | 중국 샐러리맨의 평생 세금

세 목	금 액
소득세	52만 위안
소비세 등 간접세	25만 위안
주택관련 세금	17만 위안
기타	6만 위안
납부 총액	100만 위안
	(1억 7,500만 원)

출처:〈신식시보〉(新息時報)
중국 25~60세의 샐러리맨들을 대상으로 추산했다.

| 표 8 | 중국 직장(單位)의 종류

세 목	금 액
기관단위(机关单位)	공안국 등 국가기관
사업단위(事业单位)	공립학교, 국가 연구소 등
- 참공(參公)	'공무원법'에 의거해 관리를 받는 곳
- 금액발관(金額拔款)	재정의 100%를 국가가 돈을 대주는 곳
- 차액보첩(差額补贴)	(소득-소비)의 차액을 국가가 내주는 곳
- 자수자지(自收自支)	스스로 벌어서 스스로 쓰는 일반기업과 비슷함
기업단위(企业单位)	정부의 지원을 받지 않는 일반기업

블랙칼라 ─ 부와 권력의 세습

앞의 6가지 칼라가 전형적인 중국의 계층이었다. 그런데 최근 새로운 칼라들이 생겨나기 시작했다. 그중에서도 '블랙칼라' (黑领)는 중국의 독특한 신 계층이라 할 수 있다.

일반적으로 블랙칼라는 노동자 계층을 말하지만, 중국에서는 다르다. 중국에서의 블랙칼라는 기관단위(機關單位: 국가기관)에 다니는 관료와 국영기업체 직원들을 가리킨다. 이들의 특징은 검은 고급 외제차를 타고 다니며, '검은돈'을 맘껏 쓰고 다닌다. 이들은 경제, 정책 방면의 실리적 고급정보를 가장 먼저 선점한다. 그래서 물권법, 도시개발 및 부동산 정책의 변화에 가장 발 빠르게 대처하는 것도 바로 이들이다. 결국 이들은 자신들이 가진 지위와 권력을 통해 경제권까지 독점하게 되는 것이다.

관료집단과 함께 국영기업체 직원들도 역시 특권층이다. 중국의 통신, 철도, 수도·석유, 가스·항공 등으로 대표되는 국영기업들은 모두 독점기업(龍斷)이다. 이들 국영기업은 중국이라는 거대한 홈 그라운드에서 독점적으로 이윤을 거둬들이고

| 표 9 | 중국 사회보장제도(2012)

구분	양로	기본의료 + 중병보조	실업	공상(산재)	생육	주택적립금
직장	20%	9% + 1%	1%	0.2~2%	0.8%	12%
개인	8%	2% + 3위안(1개월)	0.2%	0	0	12%

중국의 사회보장제도는 '5험 1금'(五險一金)이다. 양로(养老), 의료(医疗), 공상(工傷), 생육(生育), 실업(失业) 등의 5개의 보험과 하나의 '주택적립금'을 뜻한다.
주택적립금(公积金)은 집을 살 때 회사가 보조금을 지급하는 것으로 중국이 싱가포르에게 배운 것이다.

있다.

블루칼라의 특징은 자신들만의 조직화, 특성화, 세습화되는 것이다. 이들은 중요 산업의 노른자위를 차지한다. 실제 예로 과거와 현직에 있는 중국 최고 권력자들의 자녀들이 무엇을 하고 있는지를 보면 알 수 있다.

마오쩌둥(毛澤東) 전 국가주석의 유일한 손자인 마오신위(毛新宇)는 중국 전국인민정치협상회의(정협) 위원이자 군사과학원 전쟁이론 및 전략연구부 부부장이자 인민해방군의 가장 젊은 장군이다.

장쩌민(江澤民) 전 국가주석의 장남 장몐헝(江綿恒)은 1994년 상하이롄허(上海聯合)투자공사 매입한 뒤 사업분야를 독점, 자신만의 '전신(電信)왕국'을 건설하면서 중국 IT 업계의 최고 실력자로 군림하고 있다. 주룽지(朱鎔基) 전 총리의 아들 주윈라이(朱雲來)는 로열뱅크 오브 캐나다와 몬트리올 은행 등지에서 근무한 후 1995년 설립된 중국 최대 투자은행(CICC: 중국 국제금융공사)의 총재가 됐다. 그는 페트로 차이나, 공상(工商)은행, 건설(建設)은행 등 중국 대표 대형기업의 상하이, 홍콩 IPO를 주도한 금융계 영향력 있는 인물이기도 하다. 리펑(李鵬) 전 총리의 딸인 리샤오린(李小琳), 중국 국제전력유한공사 회장이다.

후진타오(胡錦濤) 전 국가주석의 아들 후하이펑(胡海峰)은 아버지와 같은 칭화대 EMBA 과정을 졸업한 뒤 베이징 중량(中糧)그룹에서 일했다. 이후 칭화 퉁팡 웨이스(同方威視, Nuctech) 자회사인 누크 테크라는 보안시스템업체 사장으로 발탁됐다. 하지만 아프리카 나미비아 공항 수주계약을 따내기 위해 뇌물을 제공한 의혹이 제기되면서, 2009년 갑자기 모교인 칭화대

부비서장으로 자리를 옮겼다. 이후 저장성 칭화창싼자오(淸華長三角)연구원 당서기로 임명되는 등 재계에서 학계로 옮겨갔다. 후진타오 주석의 딸 후하이칭(胡海淸)은 지난 2003년 9월 하와이에서 중국 IT 업계 갑부 대니얼 마오(毛道臨)와 비밀리에 결혼식을 올린 것으로 알려질 뿐 근황은 전해지지 않고 있다. 사위는 중국 최대 포털사이트인 시나닷컴의 총재이다.

우방궈(吳邦國: 전인대위원장, 서열 2위)의 사위 펑샤오둥(憑紹東)은 중국 광둥핵발전그룹 투자펀드관리유한공사의 회장이다.

원자바오(溫家寶: 총리, 서열 3위)의 아들 원윈쑹(溫雲松)은 2007년 사모펀드회사 뉴호라이즌캐피탈(新天域資本)을 설립했다. 중국으로의 진출을 갈망하는 선진국의 사모펀드업체들이 중국으로 러브콜을 보내고 있는 상황에서 원윈쑹이 공동 설립한 뉴호라이즌캐피탈은 미국 대형투자은행 골드먼삭스, 중국 본토 사모펀드인 호니캐피탈, CDH인베스트먼트 등을 공동투자자로 두고 있다. 또, 중국정부의 지원을 받으며 위안화 표시 펀드를 발행하기 했다. 하지만, 미국발 금융위기가 한창이던 2012년 2월 원윈쑹은 중앙 국유기업인 중국위성통신(CSC) 회장으로 임명됐다. 특히 '서민총리' '평민총리'로 알려진 원자바오 총리도 태자당으로 나선 가족들 때문에 구설에 여러 번 올랐다. 아들 원윈쑹의 고속승진 외에 보석 전문가인 부인의 고가 보석 구매소문과 동생의 의료폐기물 시장 및 환경보호사업 독점 등이 문제가 되기도 했다.

리창춘(李長春: 서열 5위)의 아들 리후이디(李慧鏑)도 중국 거대 통신회사인 중국이동통신그룹의 부사장이다.

류윈산(劉雲山: 공산당 선전부장)의 아들 류웨페이(劉樂飛)는

①	②	③
④	⑤	
⑥		⑦
⑧	⑨	

① 마오쩌둥 손자 마오신위
② 주룽지 아들 주윈라이
③ 장쩌민 아들 장멘헝
④ 후진타오 아들 후하이펑
⑤ 후진타오 딸 후하이칭
⑥ 리장춘 아들 리후이디
⑦ 후진타오의 사위 마오다오린
⑧ 리펑 전 총리 딸 리샤오린
⑨ 류윈산 아들 류웨페이

중신(中信)산업투자기금관리유한공사 이사장이다. 알려진 바
로는 90억 위안(약 13억 2천만 달러) 규모의 씨틱 사모펀드매니
지먼트를 운용하고 있다.

한 조사 보고서에는 광둥성과 장쑤성의 대형 부동산업체 12
개와 22개는 모두 고관 자제들 소유로 나타났다. 미국에 서버

| 표 10 | 중국 고위관료와 관료 2세대(管二代) (2012)

중국 고위층 이름(직위)	가족관계	직장 및 직위
마오쩌둥 전 국가주석	손자 마오신위	중국 전국인민정치협상회의 위원
		군사과학원 전쟁이론 및 전략연구부 부부장
장쩌민 전 국가주석	아들 장멘헝	중국과학기술원 부원장
		1994년 상하이롄허 투자공사 매입 후
		중국 IT업계 최고 실력자로 등극
주룽지 전 총리	아들 주윈라이	중국국제금융공사 총재
리펑 전 총리	딸 리샤오린	중국 국제전력유한공사 회장
리루이환	아들 제프리 리	GL 차이나 오퍼튜니티 펀드 설립
전 전국정치협상회의 주석		
후진타오 국가주석	아들 후하이펑	칭화대 부비서장
		저장성 칭화창싼자오연구원
		당서기
	사위 마오다오린	딸 후하이칭과 결혼
		중국 최대 포털사이트 시나닷컴 총재
우방궈 전인대위원장	사위 펑샤오둥	중국 광둥 핵발전그룹
		투자펀드관리유한공사 회장
원자바오 총리	아들 원윈쑹	중앙 국유기업인 중국위성통신(CSC) 회장
리창춘	아들 리후이디	중국의 대표적 통신회사
중앙정치국위원회 상임위원		중국 이동통신그룹 부사장
류윈산	아들 류웨페이	중신산업투자기금관리유한공사 이사장
공산당 선전부장		

를 둔 중국어 사이트 보쉰(博訊)닷컴은 이에 대해 "중국 국유기업들은 지도자의 자녀를 관리자로 임명하면 정부접촉과 시장개발, 자금대출, 자원분배 등에서 이익을 얻을 수 있다고 판단해 그런 결정을 내린다"고 전했다.

무채용

콩 심은 데 콩 나고
팥 심은 데 팥 난다는 말
곰곰이 되새겨 보면
참 무서운 말

콩은 절대 팥이 될 수 없고
팥은 결코 콩이 될 수 없으니
콩은 콩끼리
팥은 팥끼리
살아야 한다는 말

농민은 농민을 낳고
혁명가는 혁명가 낳고
부자는 부자를 낳고
권력은 권력을 낳고

콩 심은 데 콩 나고
팥 심은 데 팥 난다는 그 진리
다시 곱씹어 보면
참으로 슬프고 무서운 말.

무채용을 아십니까?

"무를 뽑으면 구멍이 생긴다.

큰 무는 큰 무만큼, 작은 무는 작은 무에 맞는 자신만의 구멍이

있다."(一个萝卜一个坑 大萝卜为小萝卜挖了一个坑)

이 말의 원래 뜻은 '사람은 본디 자신만의 고유의 자리가 있다'
는 뜻이다.

최근 중국에서 '무채용'(萝卜招聘)이라는 말이 유행하고 있
다. 공개채용을 하지만, 이미 그 자리에 맞는 사람을 내정해 놓
고 하는 채용방식을 말한다. 최근 인터넷상에 공개된 무채용의
실제 사례들은 헛웃음이 나올 정도이다.

사례 1

"탁구 전공자. 지난(济南)시 출생. 여성 2~3명."
탁구업계의 채용공고가 아니다. 체육회의 구인광고도 아니다.
2012년 1월, 산둥성 지난시 한 우체국의 채용공고이다.

사례 2

2012년 2월, 안후이(安徽)성 마안샨(马鞍山)시 모 기관에서 문
서작성 비서 1명을 뽑는 채용공고를 냈다. 하지만 아무리 눈을

출처: 泉城资讯

씻고 찾아봐도 연락처와 연락방법이 적혀 있지 않았다.

사례 3

2011년 9월, 푸젠(福建)성 공무원국에서 '2011년 추계 푸젠성
(省) 소속기관' 필기시험 채용공고를 냈다. 그런데 한 가지 이
상한 점이 있었다. 푸텐(莆田) 고속도로 교통경찰 경무보조업
체의 행정업무 직종 직원 한 명을 뽑는데 자격조건은 '연극연
예학과 졸업생'이었다.

위의 사례들이 공개되자마자 사람들은 '무언가 냄새가 난다'고
의혹의 눈길을 보냈다. 분명 내부에 사람을 뽑아 놓고, 그에 맞
게 채용공고를 내는 전형적인 '무채용'방식이라는 것이다. 사
람들이 의심의 눈초리를 거두지 않는 이유는 최근 중국에서 이
런 유형의 '무채용'이 비일비재하게 일어나고 있기 때문이다.

2012년 3월 19일, 후난(湖南)성 롄위안(涟源)시가 전해 11월
공개 채용과정에서 현지 간부의 가족 혹은 친척관계에 있는 응

시자들을 우선 채용했다는 보도가 터져 나왔다. 이들은 모두 필기시험에서는 성적이 좋지 않았지만, 면접에서 고득점을 받았다는 공통점을 가지고 있었다. 국영방송 CCTV에 따르면, 현지 진(镇) 정부는 일찍이 사전회의를 통해 응시자가 누구의 친지인지를 미리 알리는 자리를 가진 것으로 알려졌다. 기자의 끈질긴 취재결과 채용된 15명의 합격생 가운데 13명이 현지 간부와 관계가 있는 '꽌시후'(關係户)였다.

또, 2012년 3월 11일 〈우한천바오〉(武汉晨报)의 보도에 따르면, 우한공업학원(武汉工业学院) 4학년에 재학중인 샤오양(小杨)은 동만회사(动漫公司)에 면접시험을 보러 갔다가 황당한 경험을 했다고 고백했다. 면접질문이 '부모님의 직업이 무엇인가?' '어느 지방 사람인가?' '집안 형편은 어떤가?'뿐이었다는 것이다. 그녀의 아버지는 다행히 잘나가는 고급 엔지니어였기 때문에 면접관은 만족스러운 표정을 지었다고 털어놓았다. 그런데 이 대부분의 응시자들과 채용담당관들의 증언에 따르면, 이런 일은 아주 흔한 일이라고 이 신문은 보도했다.

최근 몇 년 사이, '무채용'이라는 말은 중국에서 언론은 물론 사람들의 입에 자주 오르내리는 흔한 말이 됐다. 그 채용방식도 무려 다섯 종류가 있다.

첫째 '내정채용'(定向招聘)이다. 허베이(河北)성 옌산(盐山)현에서는 그 지역 현장(县长)이 내리는 이른바 '현장 특별상'이 있는데 이 조직의 책임자 혹은 이 상을 받은 사람의 자녀들을 우선 채용하고 있었다.

두 번째는 '친인척 채용'(近亲招聘)이다. 후난(湖南)성 화이화(怀化)시 허강(鹤岗)구는 "2010년 향의 재정과 사회지구'의 공

출처 : 新华社

해마다 취업률이 낮아지는
현실에서 무채용은 중국
청년들을 더욱 좌절시키고 있다.

개채용을 하면서 '부모 중 한 사람이 이 조직의 관리여야 한다'
는 것을 조건으로 내걸었다.

세 번째는 '내부채용'(內部招聘)이다. 광시(广西)성 화교학교
2011년 채용된 68명의 직원 중 5명을 제외하고 모두 학교의
임시 채용된 교사들이었고, 면접과정에서도 다른 응시생들에
게 불평등했다고 한다.

네 번째는 '회의채용'(会议招聘)이다. 2009년 7월 광둥성 둥
위안(东源)현 법원장 쉬저우딩(徐周定)이 주관하는 법원당간부
조직회의에서 법원장의 아들인 쉬싱웨이 (徐行为)를 무시험으
로 직원(工勤職員)으로 채용하는 동의를 얻어냈다.

다섯 번째는 '스카우트 채용'(陪考招聘)이다. 2009년 12월 저
장성 핑양(平阳)현 뎬따(电大) 교사채용 과정에서 이날 시험에

참가한 응시자는 단 한 사람이었다. 그는 이 학교 교장 린취안베이(林传杯)의 아들 린팅야오(林廷耀)이었다.

최근 빈번하게 발생되는 무채용 사건에 대해 전국 정치협상위원회의 허멘화(柯锦华) 위원이 발표한 바에 따르면 최근 몇 년 동안 발생하고 있는 '무채용'에는 3가지의 특징이 있다고 한다.

첫째는 대부분 현(县), 향(乡) 등 작은 규모의 지역에서 발생한다는 것이다. 두 번째는 정식으로 정부의 감시를 받는 공무원 집단이 아니라 준공무원에 속하며 국가의 월급을 받고 있는 조직에서 많다. 세 번째는 채용조건이 아주 구체적이고, 명확해서 감히 다른 응시자가 응시할 수 없도록 '정해진 무'를 심기 위한 '무 구멍'을 파놓는다는 것이다.

2011, 2012년 양회(兩會)의 조사결과 "취업공평의 실현"은 가장 뜨거운 이슈였다. 2012년 원자바오 총리는 공언했다. 앞으로 공무원 채용 시 80% 이상을 보통 가정의 사람을 뽑겠다고.

어쩌면, 이 현상은 '한 사람이 득세하면 주변 사람들까지 그 덕을 본다'(一人得道，鸡犬升天)는 구시대의 악습이 아직도 중국에 남아 있음을 보여주는 반증일 것이다.

Hóng

재물 神이 된 마오

혁명은 한바탕의 꿈이었다.
붉은 막이 내려지고
붉은 시대도 은퇴하고
붉은 사상은 책장 속에 묵어갔다.

마오는 죽음으로서 사람의 아들임을 증명했고
인민들의 가슴 속에
재물 신으로 부활했다.

시대가 기억을 왜곡한 것일까
기억이 시대를 배반한 것일까

인민들은 마오의 초상화 앞에서
더 이상 혁명을, 평등을 외치지 않는다.
오직 남들보다 더 많이, 더 빨리, 더 높이 오르게 해달라고
빌고 또 빈다.

혁명도
돈도
욕망도
모두 붉다.

문화대혁명을 보는 여러 개의 시선

혁명은 축제가 아니다

마오 주석은 말했었다.

"혁명은 축제가 아니다."

만민평등과 조직타파를 부르짖은 '인류역사상 위대한 실험'이라고, 한때 후한 평가를 받기도 했던 문화대혁명은 그의 말대로 축제가 아닌 폐허로 끝났다. 문혁 10년 동안 약 300만 명의 당원이 숙청되었고, 부정부패는 창궐했으며, 경제는 피폐의 바닥을 쳤다.

문화대혁명으로 중국의 경제발전은 20년이나 후퇴했다고 전문가들은 입을 모았다. 구체적인 경제손실에 대해서도 분석했다. 문혁 10년 동안 최소 5천억 위안의 손실이 있었고, 문혁의 직접적 동기가 됐던 '대약진 운동'의 실패로 떠안은 손실액까지 합치면 국고 낭비액은 총 6,200억 위안에 이른다는 것이다. 경제적 손실은 수치로 나타낼 수 있지만, 정신적 손실은 환산조차 할 수 없었다.

나는 가끔 연세 지긋한 중국의 어른들을 만날 때면, 조심스럽게 '문혁' 이야기를 꺼내보곤 한다. 하지만, 그럴 때마다 그들은 곧바로 경계의 눈빛을 보이곤 했다. 이윽고, 지극히 말을 아끼거나, 바이두(중국의 대표적 포털사이트) 검색에서 나올 법한 문화대혁명의 사전적 의미만을 간추려 주곤 했다. 그때마다 나는 느꼈다. 아직도 그들의 가슴에 '그것'은 현재진행형이라는 사실을.

그렇다면, 중국은 문화대혁명을 어떻게 평가하는가.

문혁이 끝난 것이 1976년이었지만, 이후 공개석상에 '문혁'은 금기시된 단어였다. 맨 처음 '문혁'이 거론된 것은 1981년 6월. 중국 공산당 11주 6중 전회(中共十一六中全会). 이 자리에서 건국 이래의 역사적 문제에 관한 당(黨)의 〈결의〉(决议)가 발표됐고, 문화대혁명에 대한 공식적인 평가가 내려졌다.

"지도자의 과오가 빚은 행동으로 반혁명 집단에 이용당했고, 당과 국가, 각 가족과 인민에게 심각한 재난을 가져온 내란이었다"(文化大革命 是 一场由领导者错误发动, 被反革命集团利用, 给党, 国家和各族人民 带来严重灾难的内乱). 심지어 '극좌적 오류'(文化大革命及其以前的'左'倾错误)라고 쐐기를 박았다.

이 〈결의〉의 초고는 중앙정치국, 중앙서기처의 영도 아래, 덩샤오핑, 후야오방이 주축이 돼 작성됐다. 중국 역사상 가장 강력했던 지도자, 마오 주석을 우상화하고, 그의 업적을 칭송하는 일은 익숙하지만, 절대권력이라고 믿었던 마오의 과오를 비판하는 일은 어려웠으리라. 인민 모두가 피해자였지만, 동시에 가해자이기도 했기 때문이다.

실제로, 이 〈결의〉의 이 초고를 작성하기 위해 1년 동안 대대적인 준비작업을 거쳤다. 전국공산당 최고간부 4천여 명이 모여 토론을 벌였고, 정치국 확대회의, 11주 육중전회 예비회의에서도 수차례의 토론을 거듭하며 초고를 작성하고, 수정하고

출처: 众涯网

완성했다. 특히, 이 〈결의〉의 초고를 작성할 때, 덩샤오핑이 가장 고민했던 세 가지 부분이 있었다.

첫째는 마오쩌둥의 역사적 지위를 지켜주고, 그의 사상을 계속 발전시킨다는 것이었다. 두 번째는 사실을 토대로 '문혁'의 올바른 평가와 분석이 이루어져야 한다는 점, 그리고 '문혁'영웅들의 공로에 대한 공정한 평가였다. 마지막으로 세 번째는 이 〈결의〉를 통해 당 내부와 인민들 사이에 '문혁'에 대한 명확한 사상정립과 인식의 일치를 얻어냄으로써 분열이 아닌, 결속을 희망했다.

문혁(文革)의 기억

문화대혁명이 다시 공식석상에 등장한 것은 2012년 3월 14일. 인민대회당에서 열린 전국 인민대표대회 폐막 내·외신 기자회견장에서였다. 한 외신기자가 원자바오 총리에게 "정치체제개혁 필요성을 줄기차게 주장하는 이유가 무엇이냐?"는 질문을 던졌고, 이에 원 총리가 격앙된 목소리로 작심한 듯 포문을 열었다.

"중국의 정치개혁이 성공하지 못하면 문화대혁명 같은 비극이 다시 발생할 수 있습니다."

총리의 입에서 '문화대혁명' 그리고 '비극'이라는 단어가 잇달아 쏟아져 나왔다. '문혁'은 중국 권력내부에서도 쉽게 거론하지 못하는 '뜨거운 감자'였다. 그러나, 퇴역을 앞둔 노장의 발언은 거침없었다. 물론 이 발언에는 당시 중국 정계를 뒤흔들었던 충칭시 당서기 '보시라이(薄熙來)의 해임'이라는 뜨거운 이슈가 배경에 깔려 있었다. 보시라이는 부의 균등한 분배 등 사회주의 원칙을 강조하는 '충칭모델'을 만들어 농민공에게 도시호구를 주고, 영구임대아파트를 분배하는 등 서민들의 인기를 끌었고, '창훙타흑'(唱紅打黑), 즉 혁명가요 부르기와 공산주의 경전 읽기 등 홍색바람을 주도해온 인물이다. 하지만, 그의 수족이었던 충칭시 공안국장 왕리쥔의 미국 망명시도와 이 과정에서 보시라이의 비리와 부패혐의가 드러나면서 전격 해임되었다.

결국 원 총리의 이날 발언은 '마오 주석이 주장한 공산주의 유토피아'가 폐허와 상처로 남았듯이 선정주의 정치는 다시 '극좌적 오류'를 범할 수 있다는 사실을 경고한 것이었다. 원 총리는 이날 '개혁'이라는 말을 무려 70번이나 반복하며, 열변을 토했다. 그의 발언은 당 내부의 공식적 논의를 거친 발언이 아니라, 지극히 즉흥적인 발언이었음이 이후에 알려졌다.

원자바오 총리의 '문혁'거론 이후 중국언론들은 이를 집중적으로 보도했다. 하지만, 그것은 여전히 조심스러운 긍정, 완곡한 부정이었다.

문혁을 오랫동안 연구해온 칭화대학의 탕샤오제(唐少杰) 교수는 '벗어날 수 없는 기억'(繞不 過去的回憶)이라고 '문혁'을 압축했다. 그는 1920~1950년대에 출생한 사람들에게 문혁은 '부정할 수 없는 한 부분'(不可否定的组成部分)이었고, 자신들 마음에 깔린 '바탕색'(底色)이었다고 은유적으로 표현했다.

왕후닝 서기

탕샤오제 교수

"우리는 이렇게 말합니다. 어디서 왔든 어디로 가든, 우리는 모두 이 다리를 건너야 한다. 신중국 이전과 이후의 역사를 연결하는 다리가 바로 '문혁'(文革)이라고 말입니다."

그래서 탕(唐) 교수는 원자바오 총리가 이 단어를 거론했을 때 중국인들은 큰 반응을 보였다고 전했다. 왜냐하면, '문혁'은 그의 말대로 '피할 수 없는 역사적 다리'였다. 문혁을 비판하는 사람, 혹은 반성하는 사람, 문혁으로 억눌린 사람, 그 기억을 피하고 싶은 사람, 문혁이라는 단어를 꺼내는 것조차 싫어하는 사람. 하지만, 그 어떤 사람도 결코 과거와 현재의 사이를 연결하고 있는 '문혁'의 다리를 건너지 않을 수 없기 때문이다.

탕샤오제 교수는 문혁에 대해 다음과 같이 말했다.

"이 문혁의 역사는 우리의 인생의 한 부분이고, 먼 훗날 우리의 생활 속에서 수많은 문혁의 요소들이 여전히 '문혁 콤플렉스'(文革情結)로 남아 있을 것입니다."

현직 중국공산당 중앙 서기처 서기이자, 중앙정책연구실의 왕후닝(王沪宁) 주임은 1986년 푸단대학 국제정치학 교수를 할 당시에 "문혁의 반성과 정치체제 개혁"이라는 논문을 쓴 적이 있다. 그는 자신이 이 무거운 주제를 꺼내든 이유를 이렇게 설명했다. "한바탕의 거대한 내란, '문혁'을 되돌아 반성해야 할 이유가 있고, 다시는 이런 재난이 일어나지 않게 하기 위해서"라고. 그의 마지막 말에는 힘이 실렸다.

"어느 민족이든 가장 고통스러웠던 교훈을 거울로 삼아야 합니다. 이 거울을 수시로 닦고, 수시로 비춰 보며 현재, 그리고 후대의 사람들이 다시는 이런 역사적 오류를 범하지 않고, 앞으로 나아갈 수 있도록 해야 합니다."

혁명과 개혁 사이

문혁(文革)과 개혁(改革) 사이에는 무엇이 있는가.

중국공산당 중앙당교의 왕구이시우(王貴秀) 교수는 원 총리의 '문혁'과 '개혁'발언 이후, 많은 감회가 교차한 듯했다. 자신을 '늙은 좌파'라고 칭하며 웃는 왕(王) 교수는 종종 친구들과 만나 이 문제에 대한 토론을 한다고 했다. 토론의 핵심주제는 '개혁개방 이후의 현실적인 문제점과 모순이 도대체 어떤 연유로 형성된 것인가'하는 것이라고 했다.

왕구이시우 교수

왕 교수는 개혁개방의 과정 속에서 '개혁'을 부르짖었지만, '문혁'의 토양이 그대로 남아 있는 상태에서 수많은 문제점과 모순들은 철저히 뿌리 뽑지 않았다고 지적했다. 특히, '주자파'(走資派)를 철저하게 소탕하지 못했고, 이로 인해 곧바로 심각한 빈부격차가 만들어진 것이라고 그는 주장했다. 더 강력한 개혁이 필요했다는 얘기다. 왕 교수는 문혁에 대해 다음과 같이 말했다.

"'문혁'은 국가 지도자들에게 통정사통(痛定思痛), 즉 고통이 가라앉은 뒤 그 고통을 다시 떠올리게 하는 고통을 주고 있습니다."

궁셴텐 교수

2011년 말, 베이징에서 거행된 한 행사에서 베이징대학의 궁센톈(巩献田)교수는 "정치체제 개혁의 명확한 방향은 반드시 계속돼야 한다"는 주제의 발표에서 이렇게 말했다.

"중국공산당 중앙의 몇몇 사람들이 '문혁'이 일어난 정확한 초심을 돌아보지 않고, 단지 개인의 은혜와 원한, 영화와 치욕, 득과 실이라는 협소한 척도로 바라보고 있다고 지적했다. 그는 문혁을 '억만 인민들이 참가한 역사적으로 전무후무한 한바탕의 영혼의 대혁명이었다'고 회억했다."

그는 문혁이 남긴 가장 큰 상처가 무엇인지 아느냐고 물었다. 그는 다시 탄식하듯 말을 이었다.

"마오쩌둥 사상의 유기를 통해서 중국사람들은 '문혁' 자체를 포기했을 뿐 아니라, 동시에 이상사회를 추구하던 희망마저도 버렸습니다. 이것이 '문혁'의 최대비극입니다."

'문혁'과 '개혁'의 관계를 얘기하면서 '문혁'을 연구해온 칭화대 탕샤오제 교수는 이제 중국사회에 형성된 공통된 인식은 '다시는 문혁으로 돌아가서는 안 된다'라는 것이라고 말한다. 그는 문혁이 '악'(惡)의 형식으로 역사적 진보를 가져왔다고 평가했다. 그 이유는 문혁이 곧 개혁개방의 원천, 개혁개방의 기점이 되었기 때문이라는 것이다.

그는 지금 중국 현실은 '혁명'이 아닌 '개혁'이 필요하다고 말했다.

"개혁은 혁명보다 관용과 인내, 단합과 지혜, 그리고 창조성의
담력과 식견이 더 필요하기 때문입니다."

중앙당교의 왕구이시우 교수는 현재 중국이 처한 형세가 긴박
하다고 인식하고 있었다. 정치개혁이 빨리 추진되지 못하면,
중국인들의 저항력은 날로 커질 것이고, 정체 혹은 후퇴를 가
져올 것이라는 것이다. 왜냐하면 개혁개방 이후 형성된 집권자
들의 부정부패가 이미 폭로되고 있고, 이미 그들은 사회의 거
대한 이익계층이 됐다는 것이다. 이것은 분배의 불공평을 가져
왔고, 빈부격차를 부추겼다는 것이다. 그는 또, 권력의 과분한
집중으로 정책 결정권, 정책 감독권이 일부 특권층 권력자들의
수중에 집중돼 있다는 것이다. 해마다 권력자들의 재산공개를
요구했지만, 아직까지도 이루어지지 않고 있다고 목소리를 높
였다.

"그들은 개혁을 반대합니다. 심지어 손안의 권리를 이용해서 개
혁을 저지하려고 합니다."

문혁을 파는 가게

홍색경전(紅色經典)

식당 입구로 들어서자, 홍위병 복장을 한 종업원이 우리들을 자리로 안내했다. 2층 규모의 넓은 면적의 식당 안은 이미 대부분의 테이블이 손님들로 채워져 있었다. 베이징 시내 중심에서 한참 벗어나 있고, 대중교통은 고사하고 택시 구경조차 하기 힘든 외곽에 위치해 있는데도, 식당 안의 자리가 꽉 찬 것을 보면, 그 유명세를 짐작할 수 있을 것 같았다.

이 식당의 이름은 '홍색경전', 즉 중국 공산당 지도하에 인민 민주 혁명과 사회주의 건설에 대한 찬양일색의 문예작품들이 수록된 책의 이름을 땄다. 자리에 앉아 주위를 둘러보니, 갖가지 포스터들이 붙어 있다. 가장 먼저 들어온 글귀가 있었다.

"결코 계급투쟁을 잊지 말자!"(千万不要忘记阶级斗争！)

잠시 뒤, 무대에 불이 켜졌다.

음식을 가져온 종업원에게 어떤 공연이 펼쳐지는지 물어보니 〈태양은 가장 붉고, 마오 주석은 가장 가깝다〉(太阳最红, 毛主席最亲)라는 홍색극이라고 했다.

늘 가지고 다니는 휴대용 소형 비디오카메라로 촬영을 하기 위해 일어서자, 어디선가 홍위병 복장을 한 종업원이 눈을 번

뜩이며 쏜살같이 달려온다.

"우리 식당에서는 모든 촬영이 금지돼 있습니다. 우리 식당의 규정이니 지켜 주십시오."

눈치껏 찍어 보려고 호시탐탐 틈을 노렸으나, 그들의 감시는 철저했다. 할 수 없이 작은 디지털카메라로 도둑촬영을 할 수밖에 없었다.

무대 위의 열기는 더욱 뜨거워지고 있었다. 집단가무, 집단창극, 무용 등 모든 예술행위들은 '우리의 태양 마오 주석'으로 시작해서 '마오 주석 만만세'로 끝이 났다. 단조롭고 식상한 무대에 흥미를 잃어갈 즈음, 나는 놀라운 장면을 발견했다.

뒷자리에 앉은 백발의 할머니 한 분이 눈에 눈물이 그렁한 채 무대를 바라보고 계신 것이었다. 나는 급히 무대로 고개를 돌렸다. 내가 잠시 집중하지 않은 사이에 감동적 무대가 펼쳐진 것인가. 아니었다. 여전히 무대 위에는 한 무리의 여학생들이 홍위병 복장을 한 채 태양 같은 마오 주석과 무산계급 찬양, 계급타파 등을 부르짖으며 목청 터져라 노래를 부르고 있었다.

나는 다시 뒷자리의 할머니를 바라보았다. 어둠 속이었지만, 할머니의 눈은 무대조명에 반사돼 반짝이고 있었다. 그런데 자세히 보니 그 할머니 한 분이 아니었다. 그 뒷자리에도, 그 옆자리에도 노인들의 눈빛은 촉촉이 젖어 있었다.

지나간 것들에 대한 향수인가. 아문 줄 알았던 상처에서 흐르는 진물 같은 고통인가. 나의 눈은 이제 무대가 아니라, 객석의 사람들로 향했다. 천천히 테이블의 사람들을 하나씩 스캔하듯 훑어갔다. 그때였다. 마지막 무대를 알리는 사회자의 고성과 동시에 무대 위에는 우렁찬 혁명가가 울려 퍼지기 시작했

다. 동시에 곳곳에서 사람들이 자리를 박차고 일어섰다. 테이블에 꽂혀 있는 홍색깃발까지 꺼내 들고 흔들며 혁명가를 따라 부르기도 했다. 그중에는 가무대의 춤을 따라 추는 사람들도 있었다.

광란의 시대, 문혁 10년 동안 중국에서 어떤 일이 벌어졌는지 아주 조금 짐작할 수 있었다. 우리는 집단광기의 낯선 분위기 속에 섬처럼 남아 있었다. '중국인들은 마오 주석을 그리워하는 것일까?' 문득 그런 의문이 들었다.

1시간의 공연이 끝났다. 그제서야 사람들은 저녁식사를 하기 위해 달그락거린다. 공연 전에 식사를 끝낸 사람들은 떠날 채비를 한다. 나는 뒷좌석에 있던 할머니에게 슬쩍 다가갔다.

"아까 보니까 공연 보면서 우시던데 … ?"

할머니가 수줍은 미소를 지으며 옆에 앉은 할아버지를 쳐다본다.

"감동하신 거예요? 아니면 … ?"

테마식당 '홍색경전'에서 열광하는 중국사람들

내가 외국인이라는 것을 안 할아버지가 친절한 미소를 지으며 '문화대혁명'에 대한 간단한 설명을 해 주셨다. 오늘 무대에서 선보인 노래며 춤은 그 당시 당신들이 자주 부르고 들었던 노래들이라고 덧붙이셨다.

"그래서 듣다 보니까 그 시절 생각이 나서 … 그래서 눈물이 좀 났지. 그렇지?"

할아버지가 할머니를 바라보았다. 할머니가 말없이 웃었다.

"그러면, 그 시절이 그리우신 건가요? "

할아버지가 1초의 지체도 없이 대답했다.

"그립지!"

내가 놀라는 표정을 지으며, 중국 역사상 인민들에게 가장 많은 고통을 안겨 주었던 시기였는데 왜 가난했던 그 시절이 그리우냐고 반문하자 할아버지가 강경하게 말을 잘랐다.

"분명히 우리 인민들에게는 힘들었던 시절이었습니다. 하지만, 그때는 한솥밥을 먹었어요. 그 말은 무슨 말이냐 하면, 같이

출처 : 重庆日报

먹고, 같이 굶었단 말입니다. 무슨 얘긴지 아시겠어요?"

이제 중국이 부자나라가 됐고, 경제적으로 풍요로운 시대에 사는데 왜 그 가난했던 시절이 그리운지 할아버지 할머니가 이해가 안 된다는 나의 투정어린 말에 할아버지가 답답하다는 듯이 말을 이었다.

"그때는 잘 먹지는 못했지만, 이렇게 삶이 불만족스럽지는 않았어요. 지금 중국의 가장 큰 문제가 뭔지 아십니까. 잘사는 사람은 배 터져서 죽고, 못사는 사람은 굶어 죽는다는 겁니다. 바로 빈부격차예요. 이게 가장 심각한 문젭니다."

할아버지의 목소리가 격앙됐다. 스스로도 그것을 느꼈는지 할아버지는 갑자기 말문을 닫으며 일어설 채비를 하셨다. 중국의 문제점을, 그것도 낯선 외국인에게 비판한 것에 대한 두려움 때문이었을까. 할아버지는 처음과는 달리 타인에 대한 강한 경계의 눈빛을 보이며 자리를 떠났다. 할머니도 어색한 웃음을 보이며 따라나섰다. 노부부의 뒷모습은 아직도 채 아물지 않은 문혁의 상처처럼 내겐 느껴졌다.

그렇다. 어쩌면 불행은 비교에서부터 시작되는 법인지도 모른다. 할아버지의 말씀처럼 문혁시절에는 모두 똑같이 가난했다. 비슷한 집에서, 비슷한 음식을 배급받으며, 비슷한 목표와 비슷한 꿈을 가지고 살았다. 하지만, 개혁개방 이후 사람들의 삶은 천차만별로 달라지기 시작했다. 부자가 생겨나고, 거지가 생겨났다. 벼락부자들이 대도시의 아파트를 싹쓸이해 가고, 그 아파트를 지은 농민공들은 1년 동안 뼈 빠지게 일한 임금을 떼이고, 자신의 몸에 불을 붙이며 마지막 발악을 해대는 도시. 부자들은 더욱 부자가 되고, 가난한 사람들은 더 가난해지는 세상.

이제 사람들은 모두 부자가 되기 위해 갖가지 방법을 동원한다. 가짜 계란과 하수구 식용유를 만들고, 더 고소한 우유를 만들기 위해 누군가는 아이들의 분유에 멜라민을 듬뿍 쏟아붓는다. 어느 중국인이 현재의 중국사회의 단면을 한마디로 표현한 적이 있다.

"상호투독(相互投毒)."

서로가 서로에게 독을 던지는 사회라는 뜻이다.

식당을 나서는 노부부의 뒷모습이 금세 어둠 속으로 사라졌다. 역사의 평지와 구릉, 급탕과 냉탕을 건너온 부부. 그러나 그들은 그 어디에도 속하지 않는 경계선에 서 있는 것 같았다.

NOTE   붉은 물결, 붉은 바람

2011년, 중국은 온통 붉은색으로 물들었다.

그해 7월 1일은 중국 공산당 설립 90주년 되는 해였다. 그래서 그 한 해, 중국에는 붉은 바람이 불었다. 마오쩌둥의 생가를 비롯해서 공산당 혁명지를 순례하는 '붉은 여행'이 유행하는가 하면, '붉은 노래'(紅歌)로 불리는 혁명가요 부르기 대회가 직장과 지역단위로 열렸다. 당시의 군복, 홍위병 복장, 마오쩌둥 어록 등 소품들을 임대해 주는 사업이 호황을 누리기도 했다. 대형서점에는 《마오쩌둥 전기》(毛泽东传), 《주룽지 기자 질의응답》(朱镕基答记者问) 등 붉은 도서의 특별코너가 마련됐고, 불티나게 팔려 나갔다. 이색식당 '홍색경전'의 매출액도 덩달아 뛰었다.

하지만, 이런 분위기는 오래가지 않았다. 그 이듬해, '창훙타흑'(唱紅打黑), 즉 공산당을 찬양하고, 범죄조직을 소탕하는 작전으로 인기몰이를 했던 충칭시 보시라이 당서기가 자신의 수족이었던 왕리쥔의 미국 망명시도로 전격 해임되었다. 그리고 부정부패와 비리혐의가 포착되면서 차기 정치국상임위원 자리에서 낙마하게 되자 그의 '홍색바람'을 경계하는 목소리가 높아지기 시작한 것이다. 실제로 보시라이 당서기의 후임으로 충칭에 내려간 장더장은 '창흑타훙'(唱黑打紅), 즉 악역을 부르짖으며 붉은 것(좌파세력)을 타도하겠다'고 선언했다. 신문화대혁명으로까지 불렸던 보시라이 전 당서기의, '창훙타흑'의 후유증, 즉 '붉은 물'을 빼겠다는 의지였다.

우연의 일치였겠지만, 베이징에 있던 홍색경전 식당 두 개의 지점 중, 차오양 지점은 2011년 말에 문을 닫았다. 하이뎬취(海淀区) 지점만 간신히 명맥을 유지하고 있다고 했다. 매번 예약하지 않으면 좌석이 없던 식당이었는데 의외의 일이었다.

나중에 '문화대혁명'을 상품화하는 것에 대해 정부에서 제동을 걸었다는 얘기가 들려왔다. 1년 동안 중국 전역을 휩쓸었던 붉은 물결은 석양처럼 그렇게 저물어갔다.

2011년 3월 충칭의 만리장성에서 천인홍가회(紅哥会)와 3천여 명의 시민들이 모인 가운데 혁명가요 부르기 행사가 거행되고 있다.

Mèng

베이징 상경기

제 몸집보다 큰 가방을 들고
먼 길 떠나본 사람은 안다.
그 가방의 무게가 비단
옷가지와 생필품의 무게 때문만은 아니라는 것을 …
아는 이 하나도 없는 낯선 도시에
새벽녘 떨어져 본 사람은 안다.
그 아득한 현기증이 비단
화려한 네온사인과
알 수 없는 이정표 때문만이 아니라는 것을 …

울지 않는 아이, 창평

베이징 흐린 그믐달처럼
아버지는 날로 야위어갔고
쪽방촌에 매달린 초롱처럼
어머니는 자주 휘청거렸다.

베이징 빌딩숲
껌딱지처럼 낮게 엎드려
소년은 걸음마를 떼자마자
자전거 바퀴에 바람 넣는 법을 배웠다.

베이징의 자전거는
자주 브레이크가 고장 났고
바퀴는 터져 주저앉았다.
아버지의 손에서 기력을 찾은 베이징의 자전거들은
삶의 한복판으로 달려갔지만
하루에도 몇 번씩 단속경찰에 쫓겨
아버지는 차가운 베이징 바닥에 내동댕이쳐져
중심을 잃곤 했다.

얼마나 더 길 위에서
자전거 바퀴에 바람을 넣어야
얼마나 더 동상 걸린 손이 풀려야
어른이 될까?

아버지는 숨죽여 울었지만
창평은 연필심에 침을 묻혀
힘주어 글씨만 써내려갔다
쓰고 또 지웠다.

통칭궈의 베이징 상경기

이별여행

춘절, 그의 고향 가는 길을 동행 취재하는 것은 참으로 잔인한 일이었다. 다른 농민공들처럼 단순한 고향방문이 아니었기 때문이다.

"아들을 고향집 부모님께 맡기기로 했어요. 지금까지는 배곯아도 함께 곯는다는 생각으로 살았지만, 이제 더는 버틸 수가 없어요."

베이징의 노상에서 자전거를 고치는 통칭궈(童慶國, 43세). 고향 떠난 지 9년째, 이때껏 산전수전 다 겪은 그였지만, 아들 이야기를 할 때 그의 눈빛은 심하게 흔들리고 있었다.

베이징에서 외지인의 아이들은 학교에 다니기가 어려웠다. 일반 공립학교는 베이징 호구가 있어야 했고, 외지인 아이들을 받아주는 학교는 학비가 너무 비쌌다. 그동안 농민공 집성촌에 있는 임시 농민공 학교에 보냈지만, 동네가 개발되면서 철거됐다. 거기다 노점단속이 강화되면서, 그는 청관(城官: 도시질서 단속 공무원)의 눈을 피해 이곳저곳 옮겨 다니며 일을 해야 할 때가 많아졌다. 하루에 겨우 60위안(약 1만 원) 벌이는 40위

안(약 7천 원)으로 줄어들었고, 그에 반해 베이징의 물가는 천
정부지로 치솟았다. 이러다 돈을 모으기는커녕 하루 벌어 하루
먹고사는 '하루살이'인생으로 전락할 것 같은 위기감이 엄습했
다. 당장 입 하나라도 덜어야 했다.

　나는 이들의 이별여행에 동행했다. 이들 부부에게도 9년 만
에 처음 가는 고향 길이었다. 떠나기 전날, 나는 그의 집을 찾
았다. 그의 집은 따왕징(大望京)이라는 농민공 집성촌에 자리잡

그의 꿈, 그의 전부, 아들 창평.

난방도 되지 않는 창고 방.
저녁은 죽으로 때우는 때가 많다.

고 있었다. 쓰레기더미 속에 무허가 건물들이 둥지를 틀고 있었다.

집이라기보다는 소굴에 가까운 단칸방. 벽은 비닐봉투와 몇 겹 종이로 겨우 바람을 막았고, 그 흔한 전기장판 한 장 보이지 않았다. 그날, 베이징의 기온은 영하 15도였다. 방안 한구석에는 부부가 없는 돈을 털어 마련했을 선물꾸러미가 놓여 있었다. 아들 창펑의 책가방과 보따리도 놓여 있었다. 늘 밝고, 명랑한 성격의 창펑은 그날, 말이 없었다.

다음 날, 우리는 기차를 탔다. 고향까지는 꼬박 25시간이 걸린다. 부부가 입석표를 끊겠다고 우겼다. 내가 미리 사둔 좌석표를 내밀었다. 침대칸을 살 수도 있었지만, 통칭궈가 너무 부담스러워할 것 같아 그만두었다. 아내인 샤오리는 지금껏 단한 번도 좌석에 앉아서 가본 적이 없다며 행복해했다.

기차가 베이징을 벗어나자마자 통칭궈 가족은 깊은 잠에 빠져들었다. 통칭궈는 꿈속을 헤매면서도 아들의 손을 놓지 않았다. 그의 손에는 기름때가 잔뜩 끼어 있었다. 그것은 마치 벗겨낼 수 없는 그의 어두운 운명, 지워지지 않는 낙인처럼 느껴졌다.

한 사내 이야기

통칭궈는 쓰촨성 몐양(綿陽)이 고향이다. 개혁개방 이후, 세상은 천지개벽하고 있다지만, 그의 산골마을은 시간이 멈춘 듯 그대로였다. 1990년대 초반까지 전기도 들어오지 않는 곳에서 누더기 한 벌로 사계절을 버텨야 했고, 죽도록 일했으나 늘 배를 곯았다.

어느 날, 도시에 돈 벌러 나갔던 옆집 형이 춘절을 맞아 고향으로 돌아왔다. 형이 들려주는 큰 세상 이야기는 듣는 것만으로도 현기증이 날 지경이었다. 형의 머리끝에서 발끝까지, 형의 말투와 제스처에서조차 낯선 도시의 매력적 냄새가 묻어났다.

통칭궈의 마음이 술렁이기 시작했다. 결심이 필요했다. 늘 그랬듯 그날 새벽도 그는 5시에 일어나 똥지게를 지고 산 정상에 있는 밭에 거름을 주었다. 내려오는 길엔 땔감도 한 짐을 했다. 어린 시절부터 허리가 휘도록 일해 온 그였다. 산등성이를 내려오는데 저 멀리 마을이 보였고, 허리가 휜 늙은 아버지가 눈에 들어왔다.

밭을 갈고 있는 아버지는 그저 한 점에 지나지 않았다. 힘겹게 소를 몰아 밭을 갈고 있는 아버지. 공산당원이었던 아버지. 당의 명령에 따라 마을사람들에게 공평하게 나눠 주고, 당의 명령에 순종하며 살아온 아버지. 하지만, 늘 가난을 벗어나지 못했던 아버지.

그는 도망치기로 했다. 무덤 같은 산골마을, 정직하지만 가난한 아버지, 내일을 꿈꿀 수 없게 만드는 가난으로부터. 어린 시절부터 단련된 노동과 가난은 그에게 고생의 두려움을 없애 주었다.

수도 베이징으로 떠났다.

행색이 초라한 그에게는 그 흔한 보안(경비)자리조차 주어지지 않았다. 베이징 외곽, 농민공들이 다닥다닥 껍딱지처럼 붙어사는 마을에 방 한 칸을 겨우 얻었다. 마침 옆집에는 자전거포를 운영하는 아저씨가 살고 있었다. 그 아저씨로부터 자전거 수리기술을 배웠다. 그는 성실했고, 눈썰미가 있었고, 무엇보다 고생을 두려워하지 않았다.

자전거를 고칠 수 있다는 자신감이 생기자 그는 거리로 나왔다. 가진 것이라곤 자신의 낡은 자전거를 개조해 만든 철가방이 전부였다. 하지만 그것은 그에게는 '꿈의 상자'였다.

새벽 5시. 그는 집을 나선다.

365일 똑같다. 비가 오든 눈이 오든 단 한 번도 쉰 적이 없었다. 그의 꿈은 단 하나, 베이징에 자전거 점포를 하나 갖는 것이었다. 그러나 하루 40~60위안의 벌이로는 희망이 보이지 않았다. 월세가 200위안, 아들 창펑의 학비가 200위안. 한 달

통칭궈 자전거포. 자전거 수리하는 데 필요한 모든 것이 다 있다. 이것은 단순한 상자가 아닌 그의 '꿈의 상자'이다.

왼쪽 페이지 위 / 아내 샤오리(39세)와
함께. 고향 이웃마을에 살던 아내와 연애
끝에 처갓집의 반대를 무릅쓰고
결혼했다. 부부 사랑이 각별한 이들은
'가난한 날의 행복'을 떠올리게 한다.

왼쪽 페이지 아래 / 부부는 3위안짜리
만두 한 판을 시켜 점심을 때운다.
최저생계비로 버티는 삶, 하지만
그에게는 꿈이 있다.

위 / 단골손님이 찍어 주었다는 그의 사진.
그의 노점의 트레이드마크이다.

아래 / 아들 창펑은 학교가 끝나면 곧바로
아버지의 일터로 와서 허드렛일을 거든다.

1년 내내 동상에 걸린 채 덕지덕지
기름때가 묻은 그의 손은 그의 인생을
대변해 준다.

수입 1,500위안으로 생활비까지 빼고 나면 겨우 600~700위안
이 남았다. 그는 줄일 수 있는 것을 더 줄였다. 아침과 저녁은
죽으로 때웠고, 점심에는 아내가 싸온 도시락, 바쁠 때는 3위안
짜리 만두 한 판을 부부가 나눠 먹었다. 1위안(175원)도 낭비하
지 않았다.

그렇게 살아온 9년, 하지만, 그는 지금 아들을 고향에 맡기러
가는 중이다. 무엇이 잘못된 것일까. 알 수 없다.

베이징역. 아들을 고향에 데려다
주러 가는 귀향길. 고향으로 가는
발길이 무겁다.

멘양 가는 길

낯선 곳에서의 불편한 잠은 일찍 잠을 거둬 갔다. 기차는 계속
달리고 있었다. 통칭궈 가족을 돌아보니 부부는 아직 한밤중이
고, 창펑(唱鳳) 혼자 창밖을 보고 있었다. 아이는 무슨 생각을
하고 있을까.

아이의 나이 이제 겨우 12살. 추운 겨울날, 아빠 엄마의 얼굴
과 손이 동상으로 얼어 터지는 것을 보고 자란 아이, 죽도록 일
하고 아껴도 늘 가난한 아빠를 둔 아이, 방과 후 책가방을 들고
거리로 나와, 아버지의 허드렛일을 거들던 아이 …

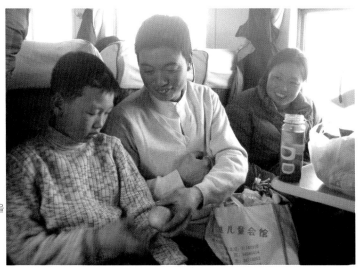

1위안도 쓰지 않던 아빠가 오늘은 아들을
위해 가방 가득 먹을 것을 샀다.
하지만 아들 창평은 아버지의 선심이
'헤어짐'을 의미하는 것이라는 걸 안다.

왼쪽 페이지 / 고향으로 가는 기차
안. 고향에 두고 와야 하는 아들이
마음 아프지만, 따뜻한 기차 안
온기에 한꺼번에 피곤이 몰려들어
부자는 깊은 잠에 빠져들었다.

"시골에 가기 싫죠. 똥지게도 져야 하고, 소꼴도 먹여야 하
고, 여동생도 돌봐야 되고 … 하지만 방법이 없잖아요."

창평은 일찍 체념하는 법을 배웠는지도 모른다. 전전긍긍하
는 아빠 엄마와는 달리 창평의 표정은 줄곧 담담했다.

몐양역에 도착한 것은 오후 4시쯤이었다. 역에서 내려 헤이
처(黑車: 불법 영업차량)를 흥정해 짐을 실었다. 이제 여기서 다
시 3시간을 더 달려야 한다고 했다. 한 시간쯤 달리자 비포장
도로가 나타났고, 날이 어두워지기 시작했다. 기사는 가는 도
중 몇 번이고 차를 세워 길을 물었다. 9년의 세월은 고향으로
가는 길조차 지워버렸다. 때마침 쓰촨 대지진으로 복구공사가
한창이었고, 고향 떠난 후 단 한 번도 고향방문을 해본 적 없는
그의 기억 속 이정표는 모두 지워진 상태였다.

고향집에 도착한 것은 예정보다 한 시간을 더 넘긴 저녁 8시
였다. 가로등조차 없는 그의 고향집은 칠흑 같은 어둠 속이었
다. 동구 밖에 나와 계시던 통칭궈의 부친은 준비해 두었던 폭
죽을 터뜨리기 시작했다. 밖에서 묻어왔을지 모를 악귀를 쫓아

위 / 베이징에서 꼬박 25시간 걸려 도착한 그의 고향.
불조차 들어오지 않는 산간벽지였다.

아래 / 집 마당을 들어서는 아들 부부를 위해
아버지는 악귀를 쫓는다며 폭죽을 터뜨리셨다.

도착하자마자 통칭궈의 아내는
만두를 빚기 시작했다.
평소 전기를 아끼기 위해
불을 끄고 사는 노모는 며느리를
위해 불을 밝혀주셨다.

발전기를 돌려야 전기가 들어오는
산간벽지. 노모는 아궁이에서 불을
지펴 물을 덥혀 주셨다.

내는 의식이라고 했다.

9년 만의 만남은 무거웠다.

전기조차 들어오지 않는 집. 통칭궈는 밖으로 나가 발전기를
돌려 불 하나를 겨우 밝혔다. 아내 샤오리는 부엌으로 가 저녁
거리를 만들기 시작했다. 집 바닥에는 흙먼지와 지푸라기들이
깔려 있었고, 농기구와 옷가지들이 어지럽게 널려 있었다. 수
없이 오지 출장을 다녔고, 수많은 중국 농촌 집을 가보았지만,
가장 열악한 상황이었다. 무엇보다 그곳의 밤은 유난히 추웠
다. 나는 통칭궈 어머니가 내주는 외투를 껴입고 샤오리와 함

밤 12시가 다 돼서야 저녁상이 차려졌다.
신년이었다. 하지만 아들을 다시 노부모에게
맡기고 가야 하는 퉁칭궈 부부의 마음은
무거워 보였다.

베이징에서 낳은 딸. 베이징에서 키울 사람이
없어서 고향의 노부모에게 맡겨 두었다.

께 저녁준비를 거들었다. 샤오리는 만두를 빚고 있었다. 몇 시간 뒤면, 새해가 밝는다. 중국사람들은 새해에 만두를 빚어먹는 풍습이 있다.

통칭귀는 어디론가 사라지더니 잠시 후 텔레비전을 안고 돌아왔다. 손님이 왔다고, 특별히 옆집에서 빌려 주었다고 했다. 지금은 그래도 많이 살 만해진 것이라며 그가 멋쩍게 웃었다. 하지만 그 흔한 텔레비전, 냉장고는커녕 전기조차 들어오지 않는 지금의 상황이 나아진 것이라면, 과거에는 도대체 어떠했다는 말인가.

공산당원이었던 통칭귀의 아버지는 평생 당의 명령에 충성하며 살아오셨다고 했다. 하지만, 찌든 가난밖에 남지 않았다. 그날 밤, 아버지는 어둠 속에서 애꿎은 담배만 태우시며 아무 말씀이 없으셨다.

부엌에는 아들 창평이 할머니를 도와 아궁이에 불을 붙이고 있었다. 부엌과 나란히 붙어 있는 화장실에 들렀다가 어둠 속에서 반짝이는 눈빛이 있어 소스라치게 놀랐다. 자세히 봤더니 황소 한 마리가 구석에 묶여 있었다. 나의 비명소리를 듣고 창평이 달려왔다. 소가 화장실에 있어서 놀랐다고 하자, 어둠 속에서 흰 이를 드러내며 창평이 웃었다.

밤 12시가 다 돼서야 저녁상이 차려졌다. 모두들 고단한 하루였다. 기차에서 변변한 식사도 못했고, 좌석에서 25시간을 앉아 오느라 온몸은 납덩이를 매단 듯 무거웠다. 하지만, 유독 통칭귀는 피곤한 기색이 없었다. 밥상 앞에 둘러앉은 우리는 통칭귀의 건배 제안에 잔을 높이 들었다.

"새해 돈 많이 버십시오!(供犧發財)"

공산당원이었던 아버지. 한평생 당의 명령에 충성하며 살았지만. 평생 가난을 벗어나지 못하신 아버지는 어둠 속에서 아무 말씀 없이 애꿎은 담배만 태우셨다.

어린이날 창평과 함께 공원에
간 것이 통칭궈 가족의 유일한
나들이였다

　밖에서 폭죽 터지는 소리가 대포소리보다 크게 울렸다. 동시
에 여기저기서 터뜨리는 폭죽과 불꽃들이 어두운 시골의 밤하
늘을 수놓았다. 새해가 밝은 것이다.

처갓집 가는 날

아침밥을 먹자마자 집을 나섰다.
아내 샤오리의 집에 인사드리러 가야 한다고 했다. 샤오리의
집은 산 건너편의 작은 마을이다. 딸을 가난한 집에 시집보낼
수 없다며 극구 결혼을 반대했던 장인과 장모를 의식했기 때문
이었을까. 늘 기름때 꼬질꼬질한 작업복 차림의 통칭궈가 이날
은 가죽점퍼까지 차려 입고 한껏 멋을 냈다. 아내 샤오리도 거
울 앞에서 오래도록 머리단장을 했다.

통칭궈 가족은 선물을 등에 지고, 손에 들고 뒷산을 넘었다.

우리는 곧 다가올 이별은 잠시 잊어버린 채 마치 소풍을 나선 아이들처럼 즐거웠다. 결혼 후 처음으로 친정에 가는 아내 샤오리도 연신 터져 나오는 웃음을 감추지 못했다.

산길을 한 시간쯤 올랐을 때 인가가 보이기 시작했다. 샤오리의 친정이 있는 마을이었다. 그때부터 아이들은 산길을 초고속으로 질주하기 시작했다. 우리도 아이들처럼 산길을 달렸다. 역시 통칭궈는 달랐다. 무거운 짐을 지고도 다람쥐처럼 빨랐다. 우리는 멈춰 서서 헉헉대다가 또 웃음을 터뜨렸다. 돌이켜 보면, 그때가 통칭궈 가족에겐 가장 행복한 순간이었다.

샤오리의 친정어머니가 마을 어귀까지 나와 계셨다. 딸의 모습을 보자마자 눈물이 글썽해지며 딸의 손을 붙잡으셨다. 그때 샤오리가 무의식적으로 손을 뺐다. 어머니는 자꾸 딸의 손을 잡으려 했고, 딸은 자꾸 손을 숨겼다. 그 마음, 나는 짐작할 수 있었다. 기차에서 우연히 본 샤오리의 손은 동상으로 퉁퉁 부어 있었고, 마디는 거칠었다. 그녀의 고단한 삶이 그대로 새겨져 있는 손, 그 손을 어머니에게 들키고 싶지 않았던 것이다.

마을에서 양어장을 하시는 친정아버지는 사위에게 따라오라고 하시며 앞서 걸으셨다. 도착한 곳은 양어장. 사위를 위해 가장 큰 잉어를 잡으셨다. 아버지도 사위가 맘에 들지 않아서 결혼을 반대한 것은 아니었다. 통칭궈 집은 마을에서도 특히 가난하기로 소문나 있었다. 뻔히 고생할 것을 알기 때문에 딸을 보낼 수 없었다. 그런데 어느 날 딸이 사라졌다. 통칭궈를 따라 야반도주했다는 것을, 베이징으로 갔다는 사실을 울먹이는 딸의 전화를 통해 알게 되었다.

샤오리는 장녀였다. 그녀가 온다는 소식을 듣고, 멀리 쓰촨성 성도인 청두에 사는 남동생과 시집가서 잘살고 있는 여동생 부부도 모두 모였다. 부엌에서는 요리를 볶고, 찌고, 튀기는 맛있는 소리가 진동하기 시작했다. 친정어머니는 계속 딸의 주위를 맴돌았다. 오랫동안 기억에 담아 두려는 듯 딸의 얼굴을 찬찬히 바라보았다.

진수성찬이 차려졌다. 가족들 모두 둘러앉아 옛이야기 하며 즐거운 담소를 나눴다. 남동생은 청두에서 IT업체에 다니고 있었다. 여동생도 도시에서 중산층으로 살고 있었다. 아무리 좋은 옷을 갈아입고, 단장을 했지만 샤오리는 한눈에 봐도 초라했다. 통칭궈가 건배 제의를 했다. 모두들 잔을 높이 들어올렸다. 그때였다. 남동생이 갑자기 통칭궈의 손을 보더니 "자형! 손이 왜 그래?"하고 물었다. 통칭궈가 당황한 듯 얼른 손을 숨겼다. 나는 그때 알았다. 모든 것은 포장하고 가릴 수 있지만, 손만은 숨길 수 없다는 사실을 … .

처갓집에 드릴 선물 한 아름 지고, 산길을 꼬박 한 시간 걸어서야 도착한 마을 어귀.

옆페이지 위 / 아침 일찍 통칭궈 가족은 집을 나섰다. 산 너머 동네에 있는 처갓집에 가기 위해서다.

옆페이지 아래 / 아내 샤오리가 결혼 후 처음 친정집에 가는 길. 그녀의 발걸음이 그 어느 때보다 가볍다.

큰사위가 도착하자 장인어른은 자신이 하고 있는 양어장으로 그를 데리고 갔다.

처갓집 식구들은 통칭궈에게 돈은 얼마나 모았느냐, 집은 샀느냐, 언제 돈 벌어 고향에 돌아오냐며 질문을 쏟아내기 시작했다. 통칭궈는 제대로 대답을 못하고 쩔쩔맸다. 샤오리가 남편을 거들며 살 만하다고, 곧 자전거 점포를 낼 수 있을 거라고 얼버무렸다. 아들 창핑을 맡기러 고향에 왔다는 말은 차마 꺼내지도 못했다.

샤오리의 동생들을 마을 어귀까지 배웅하고 돌아오는 길, 통칭궈의 표정은 어두웠다. 그는 그 누구보다 책임감이 강한 사내였다. 눈이 빠른 그가 친정에서 주눅이 든 채 쩔쩔매는 아내의 모습을 못 봤을 리 없다.

한적한 마을 어귀에 앉아 그와 이런저런 이야기를 나누던 중, 갑자기 통칭궈가 꺼이꺼이 소리를 내며 울기 시작했다. 다 큰 사내의 그런 울음을 처음 본 나는 당황했다. 그의 등을 토닥이며 울음이 그치기를 조용히 기다렸다. 한참을 울고 난 그가 입을 열었다.

장인어른은 큰사위를 위해 양어장에서 가장 큰 잉어 한 마리를 잡았다.

쓰촨 특유의 매운 요리가
한 상 가득 차려졌다.

"누나 … ."

그는 나를 누나라고 불렀다. 그는 내가 사는 동네 길거리에
서 자전거를 고쳤고, 나는 단골이었다. 그의 자전거 고치는 솜
씨도 맘에 들었지만, 365일 비가 오나 눈이 오나 쉬지 않는 그
의 성실함, 특히 베이징의 면도날 같은 겨울바람 속에서 동상
에 손이 얼어 터져도 늘 웃음을 잃지 않는 그의 모습은 내게 삶
의 옷매무새를 바로잡게 했다. 나는 우리 집에 쌀과 기름이 떨
어질 때면, 늘 그의 가족의 것까지 함께 사서 그의 자전거 공구
상자 옆에 몰래 두고 오곤 했다. 그렇게 몇 년의 세월이 흐르면
서 우리는 가족이 됐다.

늘 웃음을 잃지 않던 그가 손등으로 눈물을 닦으며 말을 이

었다.

"누나… 저는 정말 힘들게 살았어요. 어렸을 땐 단칸방에서
온 가족이 함께 자느라 누워서 잠을 자 본 적이 거의 없었고,
추운 겨울날에도 다 낡은 여름옷 한 벌이 전부였어요. 그래도
저는 정말 열심히 일했어요. 새벽에 똥지게 지고 산꼭대기에 있
는 밭에 가서 거름을 주고, 소꼴 먹이고, 부모님 농사일 돕고…
그런데, 그렇게 열심히 살았는데 나는 왜 아직도 이 모양일까
요 … ."

이날 통칭궈 가족이 온다는
소식에 청두에 사는 샤오리의
여동생과 남동생 부부도 먼 길을
달려왔다. 결혼 이후 처음
상봉하는 것이라며 감격해했다.
가족이 모이는 것은 이토록 어렵다.
어쩌면 다시 모이기 힘들 가족들,
이를 기념하기 위해 가족촬영을 했다.
처음 찍는 가족사진이라고 했다.

그가 다시 무릎에 얼굴을 파묻고 소리 죽여 울기 시작했다.

그때, 누군가 등 뒤에 와 있다는 것을 느꼈다. 돌아보니 그의 아들 창평이었다. 창평은 놀란 눈으로 울고 있는 아버지를 소리 없이 바라보고 있었다. 아버지의 눈물을 처음 본 아이의 눈빛. 세상 모두가 슬픔으로 가득 찬 그 눈빛 … .

내가 창평에게 괜찮다고, 가라고 눈짓을 보냈다. 퉁칭궈도 자신의 눈물을 아들에게 들키고 싶지 않았을 테니까.

돌아가야 할 때가 되었다.

이미 작별인사를 다 나눴는데도 샤오리의 친정어머니는 계속 딸의 뒤를 따라왔다. 마을을 한참 벗어났는데도 어머니는 계속 손을 흔들며 따라왔다. 갔겠지 싶어 돌아보면 어느새 같은 거리로 가까워져 있었다. 어머니의 눈에 눈물이 그렁했다. 산길은 어둠이 일찍 내렸다. 제발 늦기 전에 돌아가시라고 샤오리가 사정한 뒤에야 어머니는 걸음을 멈추셨다. 어머니는 한 점이 될 때까지 그곳에 서 계셨다.

이별 뒤에 남는 것

집으로 돌아오자마자 퉁칭궈는 짐을 챙겼다. 이제 베이징으로 돌아가야 할 시간이다. 9년 만에 찾은 고향에서 겨우 하룻밤을 보내고 떠나야 하는 것이다. 하루 벌어 하루 먹고사는 그에게 시간은 곧 돈이다. 아들 창평과의 이별의 시간도 다가왔다.

"창평, 할아버지 할머니 말씀 잘 듣고, 공부 열심히 해야 한다."

퉁칭궈는 아들의 어깨를 힘주어 잡았다가 놓았다. 창평은 역시 말이 없었다.

"아버님 어머님, 부디 만수무강 하십시오. 못난 아들놈을 용서하십시오."

돌아서는 퉁칭궈의 눈에서 눈물이 터져 나왔다. 공산당원이셨던 아버지의 눈에도 눈물이 고였다. 퉁칭궈는 서둘러 트렁크를 끌고 마당을 벗어났다. 아내 샤오리도 울면서 남편의 뒤를 따랐다. 마을 입구에 대기하고 있던 봉고차 안에 앉자마자 부부는 남은 눈물을 터뜨렸다. 그들의 눈물은 길고 오래도록 계속됐다.

아들 창핑이 걱정된 나는 다시 왔던 길을 돌아갔다. 노부모는 아직도 눈물바람이었다. 마당구석에 혼자 서 있는 아이, 창핑. 그 아이는 울지 않고 있었다. 하지만 울음보다 더 서늘한 기운이 아이를 감싸고 있었다. 그것이 내가 본 창핑의 마지막 모습이었다.

베이징에 도착하자마자 부부는 다시 거리로 나왔다. 춘절 기간에는 노점 단속이 느슨하기 때문에 경찰의 눈치를 보지 않아도 됐고, 무엇보다 고향 다녀오며 며칠을 허비한 것을 만회해야 했다. 그해 베이징의 겨울은 유난히 추웠다.

아내 샤오리가 아프다는 소식을 들은 건 그 겨울의 끝 무렵이었다. 샤오리는 방에 혼자 누워 있었다. 무릎과 뼈마디 통증이 아주 심하다고 했다. 병원에서는 한기가 뼛속 깊이 파고들어 생긴 병이라고 했다. 그녀는 머리맡에 놓인 약봉지를 보여주었다.

"약값이 너무 비싸서 걱정이에요. 베이징 호구가 없는 우리 같은 외지인에겐 의료보험도 없어요."

일주일 치 약값이 그들이 일주일 벌이와 같다고 그녀는 덧붙였다. 그녀는 그 후 몇 달 동안 거리에 나오지 못했다.

NOTE   꿈꾸고 있나요 그대는?

2010년, 늦가을.

통칭궈에게 전화가 왔다. 그의 목소리는 그 어느 때보다 격앙돼 있었다.

"저 가게를 냈어요. 내일 개업식인데 누나가 꼭 와 주셔야 해요."

그때, 나는 허공을 울리며 지나가는 쇠종소리를 들었다. 시련과 역경을 견디고 금메달을 딴다고 한들 이만큼 감격스러울까. 가슴 가득 고여 있던 눈물이 한없이 나를 적시고 있었다.

그의 가게는 재래시장 한 켠에 자리잡고 있었다. 단순한 자전거 수리점이 아니라, 전동차도 파는 제법 규모를 갖춘 가게였다. 고향 떠나 베이징에 온 지 10년 만의 일이었다. 이제 부부는 이 가게에서 땡볕을 잠시 피할 수도, 동상으로 얼어터진 손과 발을 녹일 수도 있었다.

통칭궈는 이 가게를 얻기 위해서 지난 10년 동안 부부가 한 달 평균 27만 원 벌어서 18만 원을 적금했다고 했다. 1년에 200여만 원, 10년 동안 모으니 우리 돈 2천만 원이 됐다. 1천만 원으로 이 가게를 마련하고, 나머지 1천만 원으로 고향에 집을 한 채 샀다고 했다.

"으와, 이제 부자네~"

그가 그렇다고 맞장구치며 활짝 웃었다, 아내 샤오리도 따라 웃었다.

그는 이제 시작이라고 했다. 그의 바람은 가족들이 모두 모여 사는 것이라고 했다. 그러기 위해서 고향에서 자전거 점포를 낼 수 있을 만큼 돈을 모아서 고향으로 돌아가겠다고 했다.

2013년 현재도 통칭궈 부부는 시장 한 켠의 자전거 점포를 운영하고 있다. 하지만 부부는 만두 한 판으로 점심을 때우며 아직도 꿈을 향한 고삐를 늦추지 않고 있다.

위 / 통칭궈의 꿈이 이루어지던 날. 그는
재래시장 한 켠에 그가 그렇게 꿈꾸던
자전거포를 개업했다. 단순한 수리점이
아니라 자전거와 전동차도 파는 명실상부한
자전거 가게이다.

아래 / 이제 한겨울에 추운 바람도,
한여름 폭염을 피할 수 있는 가게가 있다.
하지만, 비싼 가게세를 내기 위해선 더욱
열심히 일하고 더욱 아껴야 한다.
그들은 다시 꿈꾼다. 온 가족이 함께 사는
꿈을.

2004년 겨울.

방송작가와 다큐멘터리 감독으로 20여 년의 세월을 무탈하게 보내던 나는 중국행 비행기에 올랐다. 다큐멘터리 작가라면 누구나 꿈꾸는 방송국 전속작가 계약 제의를 받고, 최종 사인을 남겨둔 시점이었다.

무엇이 나를 흔들었는지 아직도 명징하지는 않다. 천정 높은 방송국 로비를 걸어 나오는데, 갑자기 숨이 턱 막혔다. 내일 계약서에 사인을 하면, 앞으로 계약기간 동안 이곳에 저당 잡혀 있을 것이다. 남보다 높은 원고료와 계약금을 받는 대신, 빚 독촉처럼 다가오는 방송날짜에 맞춰 손 떨며 원고를 쓸 것이고, 그런 불안의 대가만큼 삶은 윤택해질 것이다.

그런데 … 그 순간, 왜 영화 〈인스팅트〉(Instinct, 1999)에서 보았던 고릴라의 눈빛이 떠올랐던 것일까.… 철장 문을 열어 줘도 도망갈 생각을 하지 않는, 이미 정글을 잊고, 먹이를 찾는 본능조차 잃어버린 고릴라. 그것이 나의 미래일지도 모른다는 생각이 들었다.

다음날, 나는 계약 취소의 뜻을 전했고, 어이없어 하는 상사의 눈빛을 뒤로 하고 허우적거리며 그곳을 빠져나왔다.

서른아홉의 일이었다. 그리하여, 내가 찾은 정글은 중국이었다.

왜 중국이었느냐고 많은 사람들이 나에게 물어보지만 명쾌한 대답을 찾지 못했다. 군이 찾으라면 2000년 첫 중국 출장길에서 만난 천안문 광장의 자전거 홍수 때문이었을까.

새벽 국기게양식을 보고 난 뒤, 사진을 찍기 위해 움직이고 있었는데 자전거 행렬의 소용돌이 속에 파묻히게 됐다. 그 찰나의 시간은 방송국 편집실 골방에서 묵어가던 나를 끄집어내 생의 한가운데로 옮겨놓은 듯한 착각을 불러일으켰다. 그것은 난생처음 본 황홀한 정글이었다.

무작정 베이징으로 건너와 대학생들과 섞여 중국어를 공부했다.

그즈음 중국이 거대화두로 떠오르며 물밀 듯 중국관련 책들이 쏟아져 나왔지만 나에겐 공허하게 느껴졌다. 모두들 중국을 잘 아는 것처럼 말했지만, 내가 직접 겪어 보면 그것은 침소봉대이거나, 지극히 주관적 해석 혹은 구라가 많았다.

나는 지난 10년 동안 쉼 없이 나의 이웃인 중국인들을 만났고, 그들 생각 속으로 파고들었다.

그들의 생각을 읽기 위해 중국 전역을 헤매 다녔다. 중국사회를 이끄는 지도층, 상류층에서부터 조직폭력배, 매춘녀, 거지에 이르기까지 모두 만났다. 하지만 나의 주요 관심은 중국 근대사의 격랑을 묵묵히 견뎌온 중국 서민들의 쉰내 나는 삶과 꿈이었다. 그들을 만나면서 '풍경'으로만 보였던 중국이 비로소 나에게로 와 '의미'가 되었다.

이 책을 김병문 여사님께 바칩니다.

고 희 영

高希英
Koh Hee Young

20여 년 다큐멘터리 방송작가 및 영화감독으로 활동.

100여 편의 다큐멘터리를 제작했다.

2000년 첫 중국 출장길에 천안문 광장 앞의 거대한 자전거 행렬을
보고 깨달음을 얻어 2003년, 베이징으로 삶의 거처를 아예 옮겼다.

그 후, 중국인들의 삶을 취재하며 수십 편의 다큐멘터리를 제작했다.

2007년에는 다큐멘터리 영화사 〈숨비〉(Soom:Be)를 만들어

다큐영화 제작에 가열차게 돈과 열정을 쏟고 있으며,

현재 문화대혁명의 광풍을 생생히 담은 〈1966~1976〉이라는 다큐영화를
제작, 2016년에 개봉할 예정이다. 또, 6년 동안 제주해녀를 담은

다큐영화 〈물숨〉(*Little Bit More*)이 개봉을 기다리고 있고,

중도시각장애인이 된 틴틴파이브의 멤버 이동우 씨의 이야기를 담은

다큐영화 〈그대가 있음에〉(가제)도 제작하고 있다.